Ein Geschenk für

mit den besten Wünschen
von

Bestell-Nr. RKW 773
© 2011 by Reinhard Kawohl 46485 Wesel
Verlag für Jugend und Gemeinde
Titelfoto: A. Will
Fotografen: L. Conrad (102), A. Klisch (10),
K. Nordmann (16), PhotoDisc (88),
Pitopia (20, 28, 44, 68, 96, 104), W. Rauch (54),
A. Will (24, 38, 62, 74, 80, 84, 92)
alle anderen Bilder Foto-CD

Gestaltung und Zusammenstellung: RKW
Druck und Bindung: Gorenjski tisk storitive, Kranj, Slowenien
ISBN: 978-3-88087-773-3

www.kawohl.de

Reich beschenkt

Vorwort

Das vierzigjährige Jubiläum unseres Verlages war für uns Anlass, unsere Kunden um Beiträge zu einem Buch zu bitten, in denen sie von eigenen Lebens- und Glaubenserfahrungen berichten. Unsere Hoffnung und unser Ziel ist dabei, dass der Leser auf dem eigenen Glaubensweg ermutigt wird oder sich auf ein Leben mit Jesus einlässt.

Eine Einsenderin sagte etwas bedrückt: „Ich hatte gehofft, dass bis zum Einsendeschluss etwas passiert, das sich zu erzählen lohnt. Aber ich habe immer noch nichts Besonderes mit Gott erlebt." Nicht alle Glaubenserfahrungen sind von außen betrachtet spektakulär. Sie bewegen jedoch den Menschen, der sie macht, zutiefst – auch das sind Wunder Gottes. Oft erleben Christen Gottes Eingreifen in einer Form, die einem Unbeteiligten schwer zu vermitteln ist.

Wir haben versucht, die Vielfalt der Erfahrungen und Erlebnisse zu erhalten. Manch einer wird sich darin wiederfinden. So enthält das Buch eine gute Mischung aus einschneidenden Gotteserfahrungen und Berichten von langsam wachsendem Glauben, von Lebensgeschichten und einzelnen Begebenheiten, in denen man Gott an der Seite weiß. Oft wird von Gottes Führung berichtet. Worte der Bibel und anderes christliches Gedankengut, dem auch wir als Verlag uns verpflichtet wissen, und die Gewissheit des Glaubens spielen häufig eine bedeutende Rolle. Manchmal werden sensationelle Wunder offenbar, ein andermal erfahren wir ganz alltägliche Details. Das alles spiegelt etwas vom Leben mit Gott wider und davon, dass wir alle reich beschenkt sind.

Ihr Reinhard Kawohl

P.S.: Wir danken allen Einsendern ganz herzlich, auch jenen, deren Beitrag nicht veröffentlicht werden konnte.

Eine verfängliche Unterrichtsstunde oder wie der Esel mein Lieblingstier wurde

Roland Böhme

Ich war Lehrer in der DDR-Zeit. Schon als parteiloser Pädagoge hatte man einen schweren Stand. Als Christ drohte einem unter Umständen gar Berufsverbot. Wobei dieses Berufsverbot nicht etwa beim Namen genannt wurde, sondern unter verschiedenen Pseudonymen daherkam, z. B. „auf Grund seiner Weltsicht unfähig sozialistische Persönlichkeiten im Sinne unseres Arbeiter- und Bauernstaates zu erziehen".

Trotzdem war es ein schöner Beruf, der mir viel Freude gebracht hat. Ich konnte einen kleinen Schutzraum schaffen für die „Erniedrigten und Beleidigten", wie es bei Dostojewski heißt, denn solche gab es auch unter den Kindern.

Nun kam der Tag, an dem ich mich ganz spontan entscheiden musste: Ja zu Jesus oder zum Sozialismus. Diese Situation trat ein, als mir die Hospitation der Fachberaterin angekündigt wurde. Diese Hospitationen waren üblich und fanden regelmäßig statt. Ich wählte für den Heimatkunde-Unterricht in meiner vierten Klasse ein unverfängliches Thema aus: Mein Lieblingstier.

Es war anzunehmen, dass hier politisch nichts schiefgehen konnte! Außerdem liebte ich Tiere sehr und hatte mit den Kindern oft über solche gesprochen.

Die Stunde lief ausgezeichnet. Die unterschiedlichsten Tiere wurden genannt und mit bunter Kreide an der Tafel geschrieben. Zum Abschluss der Stunde sollte dann die Artenzugehörigkeit erkannt werden, z. B. in Rot die Säugetiere. Dies würde die Fachberaterin sicher beeindrucken, da eine

würdige Vorbereitung auf den späteren Biologieunterricht zu erkennen war. Über jedes Tier wurde ausführlich gesprochen und die Tauglichkeit als Haus- oder Nutztier untersucht. Der „Umbruch" in dieser harmonisch verlaufenden Stunde kam mit einem Tier, auf das ich wenig vorbereitet war, nämlich mit dem Esel. Diesen benannte die kleine Lydia stolz als ihr Lieblingstier und verewigte ihn an der Tafel mit roter Kreide. Darauf folgte das übliche Unterrichtsgespräch mit Benennung der Qualitäten und Merkmale dieses Nutztieres.

Auch als Märchenfigur wurde der Esel begeistert gelobt, z. B. bei den Bremer Stadtmusikanten oder als Goldesel. Nun stellte ich der kleinen Lydia die übliche Frage, warum gerade dieses Tier ihr Lieblingstier sei. Die nun folgende Antwort rief auf der Stirn der Fachberaterin Zornesfalten hervor. Lydia besuchte als einziges Kind die Christenlehre und gehörte nicht der Pionierorganisation an. „Unser Herr Jesus, der die Menschen aus Leid und Not rettet, ist auf einem Esel geritten, darum ist er mein Lieblingstier", sagte Lydia und strahlte dabei voller Freude. Die Zornesfalten der Fachberaterin vertieften sich bedenklich und ihr Blick war starr auf das Bild von Karl Marx gerichtet, welches neben Bildern von Thälmann und Honecker eine Wand des Klassenzimmers zierte. Vielleicht dachte sie in dem Moment daran, dass ja dort die wahren Retter aus Leid und Not des Volkes zu sehen waren. Offenbar war das Kind durch die Religion verwirrt, denn laut Marx stellte diese Opium fürs Volk dar. Und wenn man Lydia so ansah, wie freudig sie strahlte, schien der Ausspruch von Marx fast bestätigt.

Aber nun fiel der Blick der Fachberaterin erwartungs- und hoffnungsvoll auf mich. Die Falten hatten sich nach längerer Betrachtung der „Volkshelden" Marx, Thälmann und Honecker wieder etwas geglättet und sie erwartete nun ein Strafgericht seitens meiner Person, welches die „Opiumhörige"

Schülerin zur Räson bringen sollte, waren doch unsere Retter auf Seiten der Bilderwand zu sehen. Mir ging aber etwas ganz anderes durch den Kopf. Nämlich die Warnung unseres Herrn Jesus: „Wer einen von diesen kleinen, die an mich glauben zum Abfall verführt, für den wäre es besser mit einem Mühlstein um den Hals im Meer ersäuft zu werden." (Markus 9,42)

Daher löste meine Antwort bei der Fachberaterin nicht nur die Rückkehr der Furchen aus, sondern auch eine ungeheure Schreibaktivität bezüglich der Beurteilung meiner Unterrichtsstunde: „Du bist auf einem guten Wege, Lydia, und mein Lieblingstier ist auch der Esel." Damit hatte sich das Thema für mich erledigt und ich fühlte einen wunderbaren Frieden in mir. Die emsig schreibende Fachberaterin beachtete ich nicht mehr, sondern brachte die gut verlaufene Stunde zu einem gelungenen Ende.

Ich weiß nicht, ob ich bereits länger unter schulbehördlicher Aufsicht stand. Auf jeden Fall passierten seither Dinge, die mit meinem „Austritt" aus dem Schuldienst endeten. Kontrollen der Unterrichtsvorbereitungen früh am Schultor durch den Direktor, Aufforderungen zu Rücksprachen mit der Schulleitung. Diese Gespräche hatten Themen wie: Welche Zeitungen und Zeitschriften lesen Sie? Was tun Sie für die staatsbürgerliche Erziehung in ihrer Klasse? usw. Weiterhin wurde mir unerwartet eröffnet, dass mein weiterführendes Studium als Schulpsychologe nicht mehr die Zustimmung der Schulbehörde finde. Schließlich erläuterte mir der Direktor, dass es zur Zeit zu viele Lehrer und zu wenig Kinder an der Schule gebe und daher meine Versetzung an eine andere Einrichtung notwendig sei.

Doch damit nicht genug, denn an dieser Schule begann das Drama von vorn. Da man merkte, dass es mit meiner Gesundheit abwärts ging und ich trotzdem keine Anstalten machte zumindest in die Partei (SED) einzutreten, wurde ich an eine sogenannte Hilfsschule (für geistig behinderte Kinder) versetzt. Obwohl ich mich bei diesen Kindern großer Beliebtheit erfreute, konnte ich die schwere Arbeit in diesem sonderpädagogischen Bereich gesundheitlich nicht mehr verkraften, zumal mir dafür ein Studium fehlte. Meine Frage nach Absolvierung des solchen wurde abschlägig beschieden, da keine freien Studienplätze vorhanden seien.

Nach einigen gesundheitlich bedingten Ausfällen bot man mir eine Tätigkeit als „Hilfskraft in der Pionierleitung" an. Diese Talfahrt vom Bestpädagogen mit sehr gutem Studienabschluss und mehreren Auszeichnungen wegen hervorragender Bildungs- und Erziehungsarbeit zur Hilfskraft war mir nun doch Anlass genug, den Schuldienst zu verlassen und mein weiteres Schicksal in die Hände unseres Herrn Jesus zu legen; denn es war sehr schwer, als „abtrünniger" Lehrer einen beruflichen Neuanfang zu finden.

Nach einigen Querelen, die etwa zwei Jahre andauerten, fand ich endlich den Bibelspruch bestätigt: „Denen die den Herrn lieben, werden alle Dinge zum Besten dienen." (Römer 8,28) Der hiesige zoologische Garten bot mir eine Stelle im Verwaltungsbereich an, die recht bescheiden war; später jedoch wurde sie vom Zoodirektor, der ebenfalls Christ war, durch wissenschaftliche Aufgaben aufgewertet. Dazu gehörten z. B. Führungen, Kinderzirkel usw. Bei meinen Rundgängen und Führungen hatte ich stets eine Möhre für mein Lieblingstier, den Esel, dabei. Dieser erwartete mich schon mit lautstarken Tönen.

Nur eine Spur ...

Irene Badura-Günther

Wie soll ich beginnen? Wie und wann hat es überhaupt angefangen? Ist es wirklich so, dass ich schon immer von einem liebenden Gott Schutz erfuhr, ohne, dass es mir bewusst war? Oft nannte ich es Glück: „Glück gehabt!", wenn etwas gut ausging, was eigentlich zum Scheitern verurteilt war und eine Wendung erfuhr, die ich so nicht erwartet hatte.

War der erste Schritt getan, als ich mir als kleines Mädchen meinen im Krieg gefallenen Vater auf einer Wolke sitzend vorstellte, der mich liebevoll vor allem irdischen Unbill beschützte? Meine kindliche Phantasie ist die einzige Erfahrung, die ich mit einem Vater habe, aber dieses Bild rettete mich auch durch eine freudlose Kindheit, in der ich wenig Liebe und Geborgenheit verspürte. So träumte ich mich in eine heile Welt, in der es Menschen gab, denen ich etwas bedeutete und die mich liebten.

Die Wirklichkeit war anders, aber das konnte ich offensichtlich schon als Kind gut verdrängen. Ich träumte mich durch die Jugendzeit und wurde an Jahren älter, ohne wirklich erwachsen zu werden und ohne dass ich gelernt hatte, mir eigene Ziele für das Leben zu stecken.

Gedanken über meine berufliche Zukunft machten sich andere und so absolvierte ich eine Ausbildung für Textilgestaltung einzig und allein aus dem Grund, weil alle Zeugnisnoten, außer der Note für Kunst, sich zwischen „ausreichend" und „ungenügend" bewegten.

Für diese Ausbildung zog ich in eine andere Stadt und ich begann, neugierig zu werden und das Leben um mich herum anders wahrzunehmen, als bisher.

Ich lernte, dass Lernen Spaß machen kann und was ich nicht wusste, schlug ich sofort in Lexika und Fremdwörterbüchern nach. Ungewohnt für mich war die oft fröhliche und ausgelassene Atmosphäre, die meine neuen Freundinnen und Freunde in der Schule verbreiteten und oft fühlte ich, dass mir etwas ganz Entscheidendes fehlte. Einmal verkündete mir eine Freundin ziemlich genervt, ich könne ja überhaupt nicht lachen. Zunächst traf mich das bis ins Mark und es beschäftigte mich so sehr, dass ich diesen Gedanken nicht mehr loslassen konnte. Diese unangenehmen Gefühle, wenn um mich herum Fröhlichkeit herrschte, und die Erkenntnis, ein Manko zu haben, das ich bisher nicht empfunden hatte, brachten mich dazu, auf mein bisheriges Leben zurückzublicken. Mich überkam Trauer über die Freudlosigkeit, die mich in all den Jahren umgeben hatte. Ich beobachtete die Menschen, die mich umgaben und nie werde ich den Augenblick vergessen, als ich das erste Mal laut lachte, mich selber erschrak und dabei eine ungeheure Freude verspürte. Im Rückblick betrachtet ist dieses Erlebnis der Schlüssel, der die Tür zu meiner verschlossenen Seele geöffnet hat.

Nach meiner Ausbildung arbeitete ich in der Werbung, bei einem Modellversuch der sozial-psychiatrischen Abteilung einer Uniklinik, am Zeichentisch von Instituten und in der Behindertenarbeit. Für keine dieser Tätigkeiten hatte ich eine spezielle Ausbildung. Aber es war die Zeit, in der Arbeitgeber nicht nur auf Zeugnisse schauten, sondern auch das Experiment wagten, Quereinsteiger einzustellen. An all diesen Aufgaben wuchs ich und mit ihnen mein Selbstvertrauen.

Geblieben war aber die Sehnsucht nach Liebe und Geborgenheit. Der Traumprinz kam schließlich in Gestalt eines ehemaligen Dozenten aus dem Nichts. Und obwohl mir am Vorabend unserer Hochzeit eine innere Stimme sehr deutlich

zu verstehen gab, nicht zu heiraten, ignorierte ich das. Das war der Beginn einer sechsjährigen Ehe, die geprägt war von der Egozentrik eines eitlen Künstlers und der Unterwürfigkeit seiner Frau. Ich hatte mich selbst verloren. Und wieder sagte mir eine Stimme: „Zieh die Notbremse." Das tat ich fast über Nacht und fühlte mich, wie ein Vogel, der aus dem Käfig freigelassen wurde. Glücklich und frei, doch nicht geliebt – weder von mir selbst noch, wie ich meinte, von anderen Menschen.

Der Gedanke, vom Schicksal nicht das bekommen zu haben, was ich mir am meisten ersehnte, kam und verschwand je nach Stimmungslage. All die esoterischen Ratgeber, die mir ein sorgenfreies und erfülltes Leben versprachen, funktionierten nur so lange, bis sich wieder eine Leere in meinem Inneren einstellte.

Und dann kam der Tag, an dem mir eine Postkarte begegnete. „Spuren im Sand". Die Zeilen trafen direkt ins Herz. „Da, wo du nur eine Spur gesehen hast, da habe ich dich getragen." Ich kann für mein damaliges Glücksgefühl heute kaum Worte finden. Aber ich weiß, dass das der Beginn dafür war, mein bisheriges Leben aus einem ganz anderen Blickwinkel zu betrachten. Gott war immer an meiner Seite gewesen, ohne dass ich das wahrgenommen hatte. Er hatte eine Beziehung mit mir, ich aber nicht mit ihm. Und trotzdem hatte er sich nicht enttäuscht abgewendet. Ich fühlte mich zum ersten Mal wirklich geliebt.

In den vielen Jahren danach brauchte ich Gott nur, wenn es mir schlecht ging. Und doch wuchs genau in jenen Zeiten das Vertrauen, dass Gott noch etwas Großes mit mir vor hat. Ging es mir gut, vergaß ich Gott an meiner Seite. Ganz zaghaft aber schlich sich immer mal wieder der Wunsch ein, mehr über Gott zu erfahren und ich hoffte in Gottesdiensten verschiedener Gemeinden auf das Aha-Erlebnis. Aber das stellte sich nicht ein. Der Verstand sagte „Ja", aber das Herz war nicht dabei. Wie immer, wenn ich nicht weiterwusste, gab ich auch diesmal meine enttäuschenden Versuche „nach oben" ab und sagte: „Gott, wenn du wirklich willst, dass ich dich besser kennenlernen soll, dann lass dir etwas einfallen."

Zu dieser Zeit geschah es, dass eine Freundin und Nachbarin wegen einer Gehirnblutung ins Krankenhaus kam und noch Wochen nach der OP der Ausgang unklar war. Eines Abends kam ihr Mann aus dem Krankenhaus und berichtete, dass es höchst kritisch um sie stand.

Es war ein traumschöner Sommerabend und doch alles so absurd. In meiner Not zog ich mich zurück und betete so intensiv zu Gott, dass ich zum ersten Mal das Gefühl hatte, ihm ganz nahe zu sein. Und dann passierte etwas, was sich bis heute tief in mein Gedächtnis eingegraben hat. Es brach ein Sturm los, nur ganz kurz. Für mich aber war es die Antwort Gottes auf mein Gebet und ich verspürte unerschütterliches Vertrauen zu ihm und einen nie gekannten Frieden tief in mir. Meine Freundin wurde vollständig gesund und konnte weiter in ihrem Beruf als Lehrerin arbeiten.

Das Wirken Gottes war für mich nach diesem Ereignis im wahrsten Sinne berührend. Damit gab er mir den Schubs, der nötig war, um mich wieder auf den Weg zu machen. Um meine Neugier auf ihn zu stärken, zeigte Gott mir immer wieder auf beeindruckende Weise, was er alles aus dem Weg zu räumen vermochte, um mir den Aufbruch zu ihm zu erleichtern.

Das angespannte Verhältnis zu meiner Mutter hatte mich mein ganzes Leben lang gefangen genommen. Jetzt war sie in einem Altersheim und mit den zunehmenden Jahren, sie ging auf die 90 zu, zeigte sich an ihr eine Seite, die ich so nicht kannte. Offensichtlich hatte sie nicht mehr die Kraft, ihre über Jahrzehnte gut verborgene Sehnsucht nach Liebe und Zärtlichkeit zu unterdrücken, was mich zunächst sehr irritierte. Ihre Frage, ob ich sie liebe, habe ich verneint und sie damit sehr verletzt und deprimiert. Aber in jenem Moment hatte ich das Gefühl, einmal ehrlich sein zu müssen. Auf der Fahrt nach Hause lenkte mich Gott wieder ganz sanft auf einen anderen Weg. Da waren mit einem Mal Bilder, die das Leben meiner Mutter zeigten: Von ihrer eigenen verbitterten Mutter, die ihre nicht standesgemäße Liebe nicht leben durfte, großgezogen. Den geliebten Vater früh verloren, nachdem die Revolution der Familie ihre Heimat genommen hatte. Der Zweite Weltkrieg, der meiner Mutter nach nur wenigen Jahren den Mann nahm. Was blieb, war existenzielle Not und ein Kind, mit dem sie nichts anzufangen wusste, wie sie mir einmal sagte. Was mich damals zutiefst verletzt hatte, war mit einem Mal wie weggeblasen und ich spürte eine tiefe Trauer. Aber diesmal ging es nicht um mein Leben, sondern um die beiden unerfüllten Leben meiner Mutter und Großmutter. Gott hatte mir wieder eine Tür geöffnet. Ich ging hindurch und hatte so die Gelegenheit, mich mit meiner Mutter vor ihrem Tod auszusöhnen. Welch ein Geschenk.

Manchmal kann ich es gar nicht glauben, dass Gott mich liebt, wenn ich daran denke, wie oft ich mich auf Wegen verlief, die er so für mich bestimmt nicht vorgesehen hatte. Und doch nahm er mich immer wieder auf den Arm und trug mich dahin, wo ich neu beginnen konnte. Ganz liebevoll, wie ein gütiger Vater.

Die Liebe, die ich immer wieder von ihm erfahre, versuche ich weiterzugeben an Menschen, die sich in schwierigen Situationen befinden. Auch wenn sie keine Christen sind, weiß ich doch, dass Gott sie alle liebt. Wie ein Vater eben.

Gott erhört Gebet!

Brunhilde Ludewig

Jahrelang hatte ich wegen meiner Krankheit selbst kein Geld mehr verdienen können und wurde von meinen bescheidenen Eltern ernährt und versorgt. Schließlich war ich noch ein junger Mensch und stand trotz aller Schwachheit mit beiden Beinen nüchtern auf der Erde. Meine stillen Wünsche vertraute ich Gott an, auch den, eines warmen roten Mantels in langer oder Dreiviertellänge. Eines Tages, ich dachte gar nicht mehr daran, befand ich mich auf dem Weg zum Einkaufen von Lebensmitteln. Gerade ging ich an einem Bekleidungshaus für Qualitätstextilien vorbei. Meine innere Stimme forderte mich deutlich auf: „Geh hinein, dort hängt deine rote Jacke für fünfzig DM!" Ohne lebendige Verbindung und Glauben zu Gott hätte mir der gesunde Menschenverstand sagen können oder müssen: „Nein, Brunhilde, du bist verrückt, für fünfzig DM gibt es keine warme Mohairjacke, und in diesem teuren Geschäft und dazu noch ohne Schlussverkauf schon gar nicht!"

Trotzdem ging ich gehorsam, innerlich ermutigt und doch fast wie in einem Traum, in das Geschäft. Als eine Verkäuferin mich nach meinem Wunsch fragte, antwortete ich etwas zaghaft: „Ich möchte gerne eine rote dreiviertellange, warme Stoffjacke anschauen." „Ah, ja!", sagte die Verkäuferin wie selbstverständlich, führte mich zu den Mänteln, warf einen kurzen Blick auf meine schlanke Figur, zog eine wunderschöne, angenehm dezentrote, dreiviertellange Mohairjacke heraus und bemerkte lächelnd: „Diese könnte Ihnen passen, wir haben sie heute auf fünfzig DM heruntergesetzt, ursprünglich kostete sie dreihundert DM." Die freundliche Verkäuferin half mir beim Anziehen und stellte fest: „Die Jacke passt Ihnen wie maßgeschneidert und steht Ihnen sehr gut! Sie sehen darin richtig schick aus!" Ich stand wie angewurzelt, völlig sprachlos vor dem großen Spiegel und konnte wegen der unfassbaren, tatsächlich geschehenen Überraschung überhaupt nicht reagieren.

Verwundert fragte die Verkäuferin: „Gefällt sie Ihnen nicht? Sie hat eine sehr gute Qualität, ist modisch und beinahe geschenkt!"

Endlich fing ich mich: „Doch, doch, ich nehme sie!" Ich bezahlte, nahm die große Tüte mit dem „Wunderinhalt" und ging. Auf dem Heimweg – ohne Lebensmittel, weil der Geldbörseninhalt durch den spontanen Textileinkauf überfordert war – taute mein Temperament-Eiszapfen langsam auf. Es war, als erwachte ich aus einem Traum, aber ich konnte es noch nicht recht glauben und schielte mehrmals skeptisch in die Tüte. Tatsächlich sah ich darin den roten Mohairstoff und murmelte: „Herr, ich kann es nicht fassen, aber ich danke dir dafür!"

Beschenkt von höchster Stelle

Angelika Alberti

Als mein Mann und ich heirateten, waren wir schon nicht mehr so jung und wünschten uns daher bald ein Kind. Aber eine schwere Erkrankung zu Beginn unserer Ehe, die ich nur durch Gottes Gnade und eine in letzter Minute durchgeführte Operation überlebte, raubte uns fast die Hoffung, dass unser großer Herzenswunsch überhaupt einmal in Erfüllung gehen würde. In unserer Bekanntschaft erwarteten mehrere Frauen ein Baby und so sehr wir uns einerseits mit den werdenden Eltern freuten, so sehr litten wir andererseits darunter, dass wir noch kinderlos waren. Der Blick in einen Kinderwagen und in die glücklichen Augen der frisch gebackenen Eltern wurde uns immer schwerer. Man riet uns, doch einmal über eine Adoption nachzudenken und ein wenig halbherzig beschäftigten wir uns mit solchen Gedanken.

Im Oktober 1982 besuchten wir ein Konzert des legendären Golden Gate Quartetts in der Nachbarstadt. Es war ein Highlight, aber ich fühlte mich nicht wohl und merkte, dass irgendetwas anders war als sonst. Ein kleiner Funken Hoffnung kam in mir auf, und unter dem Einfluss der wunderbaren Gospelmusik stehend flüsterte ich meinem Mann ins Ohr: „Was meinst du, ob wir wohl doch ein Baby bekommen?" Ein paar Tage später brachte der Termin beim Arzt Klarheit: Ich war tatsächlich schwanger und schwebte wie auf Wolken der Dankbarkeit und Freude. Doch noch am gleichen Tag wurde diese große Freude getrübt, denn es traten Komplikationen ein, die mich zu einem sofortigen Krankenhausaufenthalt nötigten. Mit kurzen Unterbrechungen war ich dann wohl zwei Monate in der Klinik, musste mich möglichst ruhig verhalten

und durfte mich nicht aufregen. Es war eine grauenvolle Zeit zwischen Hoffen und Bangen.

Nun lesen mein Mann und ich täglich die vorgeschlagene Bibellese. Am 14.11.1982 stand darin der Vers aus Psalm 50,14 + 15: „Opfere Gott Dank und erfülle dem Höchsten deine Gelübde, und rufe mich an in der Not, so will ich dich erretten und du sollst mich preisen." Oh, das schlug bei uns ein! Lange vorher hatten wir unserem Herrn das Versprechen gegeben, einen größeren Betrag für die Mission zu spenden, wenn er unsere Bitte um ein Kind erfüllen würde. War dieser Vers nun die Aufforderung an uns, unser Versprechen einzulösen, auch wenn wir gar nicht wissen konnten, ob wir das Kind behalten durften? War es nicht viel zu früh, dem Herrn so rundheraus „Danke" zu sagen? Wir haben hin und her überlegt und gebetet und das Wort vom Opfern des Dankes redete immer lauter zu uns. „Meinst du nicht", sagte mein Mann, „wir haben in letzter Zeit viel zu viel geklagt? Wir waren doch anfangs so dankbar und zuversichtlich! Ich denke, ich sollte morgen zur Bank gehen und unser Versprechen einlösen; alles andere müssen wir Gott überlassen." Da wurde es mir wieder leichter ums Herz und ich willigte gerne ein.

Ein paar Tage später konnte ich aus dem Krankenhaus entlassen werden. Doch als ich gerade einmal zwei Stunden zu Hause war, stellte ich mit Entsetzen fest, dass wieder Blutungen einsetzten, so dass mein Mann mich sofort zurück ins Krankenhaus bringen musste, wo der diensthabende Arzt uns sehr unsensibel mitteilte, dass eine Fehlgeburt unmittelbar bevorstünde. Nach der Einquartierung in mein Zimmer suchte mich der Arzt auf, der mich bis dahin überwiegend betreut hatte, und er fand ein aufgelöstes Nervenbündel vor mit roten Augen und triefender Nase. Als ich ihm berichtet hatte, was der Notarzt gesagt hatte, nahm er meine Hand und tröstete mich, wir wollten doch erst noch einmal abwarten, und ich solle schon um meines Kindes willen nicht so viel weinen. Gerade ich müsse doch positiv denken, meinte er, denn er wusste von der Bibel auf meinem Nachttisch, die er manchmal nachdenklich in seine Hand genommen und angesehen hatte.

Wie durch ein Wunder durfte ich unser Kind behalten. Nach diesem Krankenhausaufenthalt konnte ich zu Hause bleiben und sogar noch eine Zeit lang zum Dienst gehen. Aber die Sorge, ob alles gut gehen würde, blieb unser ständiger Begleiter. Der Bibelvers aus Psalm 50,14 war ebenfalls immer wieder präsent, und so spornten wir uns gegenseitig an, über unseren Sorgen den Dank nicht zu vergessen.

Am späten Abend des 25.06.1983, dem errechneten Termin, durften wir dann überglücklich und dankbar unseren ersten Sohn im Arm halten. Welch ein großes Geschenk! Nach all den Ereignissen vorher – es war eine recht schwere Geburt – hatten wir vergessen, welches Wort uns morgens in den Herrnhuther Losungen begegnet war, denn das Erlebte war so intensiv und bewegend für uns. Aber noch heute erinnere ich mich daran, wie erstaunt wir waren, als wir ein paar Tage später noch einmal das Losungswort von diesem Tag nachschlugen, denn es war wiederum Psalm 50, diesmal der 23. Vers: „Wer Dank opfert, der preiset mich, und da ist der Weg, dass ich ihm zeige das Heil Gottes."

Wir wussten gleich, dass dies die Antwort war auf unser Gespräch mit Gott am 14.11.1982. Hier ging es nicht um ein finanzielles Opfer, sondern um den Dank, den wir uns abringen mussten in einer Situation, wo es noch gar nicht so aussah, als ginge unser Wunsch in Erfüllung. Wir haben dabei zutiefst gelernt, dass auch in schwierigen Lagen und mitten in Angst und Not unserem Herrn Dank zusteht, weil wir immer durch ihn Beschenkte sind. Er bewahrt unser Lebensschiff nicht vor

Stürmen und schwerem Seegang, aber er hält es fest, dass es nicht darin umkommt. Wann und wie er hilft, ist seine Sache, aber er lässt uns nie allein in unserer Not.

Zwei Jahre später wurden wir übrigens noch mit einem Mädchen und wieder zwei Jahre später mit einem weiteren Jungen beschenkt.

Der Weg aus der Angst

Anne Walter

Mein Elternhaus war von der Umwelt abgeschottet. Wir lebten sehr zurückgezogen. Meine Mutter war psychisch krank und mein Vater durch den Zweiten Weltkrieg ein gebrochener Mann. Sie hatten keine Kraft, sich um uns Kinder zu kümmern. Seit meinem vierzehnten Lebensjahr litt ich unter einer Herzangstneurose, die durch eine gestörte Mutter-Kind Beziehung ausgelöst wurde. Mein Leben war geprägt von großen Ängsten aller Art – v. a. vor Menschen –, Panikattacken und Problemen mit dem Herzen. Ich hatte nicht die Kraft, richtig am Leben teilzunehmen und lebte wie unter einer Käseglocke. Bei Ärzten und Therapeuten fand ich keine Hilfe. Psychologen meinten nur, dass ich lernen müsse damit zu leben. Heilen könne man so etwas nicht. Das war nicht sehr ermutigend und so kämpfte ich mich durch das Leben so gut ich konnte.

Mit neunundzwanzig Jahren heiratete ich und bekam zwei wunderbare Kinder. Verzweifelt versuchte ich, Halt in meinem Leben zu finden. Doch auch mein Mann und meine Kinder konnten ihn mir nicht geben. Alles schien irgendwie sinnlos zu sein. Eines Tages zog gegenüber ein junges Ehepaar ein. Wir beobachteten, dass dieses Paar jeden Sonntag zur gleichen Zeit mit ihrer kleinen Tochter mit dem Auto aufbrach. Wo fahren die wohl hin, fragten wir uns. Doch nicht etwa in die Kirche? Sich jeden Sonntag auf die harte Kirchenbank zu setzen und dazu noch mit einem kleinen Kind, nein, das konnten wir uns nicht vorstellen. Etwas später lernte ich die junge Frau kennen. Sie hieß Hannelore und wir verstanden uns gleich sehr gut. Natürlich fragte ich gleich, wo sie denn sonntags hinführen. Zu meinem Erstaunen bestätigte sie unsere Vermutung. Als sie daraufhin meine Verwunderung sah, erzählte sie mir mehr von ihrem Glauben und ihrer Beziehung zu Jesus. Kurz darauf lud sie mich zum Kaffee ein und schenkte mir ein Neues Testament mit Bibelleseplan. Sie sagte, sie lese jeden Tag in der Bibel und ich solle es auch mal versuchen. Da stand ich vor einer neuen Herausforderung. Seit meiner Konfirmation besaß ich eine eigene Bibel und ich habe auch darin gelesen, aber nie etwas verstanden. Diese Bibel jedoch war bunt und hatte Bilder. Aber warum sollte es jetzt anders sein darin zu lesen? Etwas skeptisch fing ich an. Aber auf einmal schien alles lebendig zu sein und so las ich mit wachsender Begeisterung Tag für Tag, dem Bibelleseplan folgend.

Ich muss hinzufügen, dass die christliche Frauenzeitschrift „Lydia" ebenso eine entscheidende Rolle für mich spielte. Diese Zeitschrift, die ich von Hannelore bekam, enthielt neben interessanten Beiträgen etwas sehr entscheidend wichtiges für mich: ein Übergabegebet. Als ich es das erste Mal las, machte es mir Angst. Aber ich nahm das Heft immer wieder zu Hand. Es war, als ob das Gebet mich magisch anzog. Mein Herz wollte das umsetzen, was da stand, und ich las es immer wieder. Ja, ich wollte zu Jesus gehören und ich glaubte, dass Jesus für mich gestorben war und er durch seinen Tod am Kreuz alle meine Sünden vergab. Allerdings gab es da ein Hindernis. Ich glaubte nicht, das mein Gebet genügte. Ich bete, und erhalte Vergebung? Das konnte ich mir damals nicht vorstellen. Aus irgendeinem Grund sprach ich aber nicht mit meiner Nachbarin darüber. Und so verstrich die Zeit.

Etwas später lud mich Hannelore zu einer Evangelisation ein, die in unserer Stadt stattfand. Sie sagte, da würde ein interessanter Pastor etwas über sich und seine Erlebnisse mit Gott erzählen. Zu einer Versammlung gehen? Unmöglich! Das konnte ich schon seit Jahren nicht mehr. Jedesmal, wenn ich mit vielen Menschen zusammen war, bekam ich Panikattacken. Hannelore überredete mich aber, so dass ich einwilligte, es wenigstens zu versuchen. Schweißgebadet, aber sehr interessiert, hörte ich dem Evangelisten zu. Dass Glaube so lebendig sein konnte, faszinierte mich. Auch die Lieder, die am Anfang gesungen wurden, begeisterten mich. Sie waren so anders, als die Kirchenlieder, die ich bisher kannte. Sie hatten etwas mit meinem Leben zu tun. Sie erschienen mir so echt. Dann fragte der Pastor, wer Jesus sein Leben anvertrauen wollte. Meine Hand ging wie automatisch hoch. Zu meinem Schrecken sollte ich auch noch nach vorne gehen. Meine Knie zitterten, alles drehte sich, aber ich ging. Dort sprach der Pastor mit mir ein Übergabegebet. Jetzt … jetzt war es soweit. Für mich bedeutete das damals, dass Gott es nun wirklich gehört hatte. Ich war nun sein Kind und in dem Moment wusste ich, dass Jesus mich von meiner Herzangstneurose heilen kann und wird. Und er tat es. Bald hörten die Panikattacken auf und ich konnte wieder ohne Angst an Versammlungen aller Art teilnehmen. Nach und nach lernte ich mit Jesus Hilfe auch die anderen Ängste zu überwinden. Heute lebe ich in einer vorher nie gekannten Freiheit. Ist Gott nicht großartig? Er organisierte extra für mich eine Evangelisation in unserer Stadt, weil ich damals nicht glauben konnte, dass er auch mein Gebet im stillen Kämmerlein hört.

Goldkind

Alexandra Braun

Als ich an jenem Abend mit Freunden auf einem malerischen Weingut in der Toskana zusammensaß, hatte ich Lust auf einen Spaziergang. Bald schon blieb ich jedoch stehen, denn wieder einmal raubte mir der Anblick der im Abendlicht schimmernden sanften Hügel, Weinberge und Zypressenalleen fast den Atem. Und eine Träne rann mir über die Wangen. Eine Träne der Freude, eine Träne des Glücks.

Es gab eine Zeit, da dachte ich nie wieder hier an einen der mir liebsten, schönsten Plätze auf diesen zauberhaften Planeten zurückkommen zu können, ohne das mir das Herz brechen würde. Wir schrieben das Jahr 2005. Hier in den sanften Hügeln der Toskana wollte ich dem Mann, den ich schon seit vielen Jahren liebte und mit dem ich mein Leben teilte, mein Ja-Wort geben. Nach anstrengenden, kräftezehrenden Jahren des Hausbaus, hatten wir uns diesen Traum erfüllt und waren zur Trauung mit unseren Eltern in den sonnigen Süden, in das Land unserer Träume, Italien, gereist.

Der Tag meiner standesamtlichen Trauung sollte einer der glücklichsten Tage in meinem Leben werden, und das wurde er auch. Als wir nach der Zeremonie in einem historischen Rathaus eines kleinen, verträumten Toskana-Ortes im knallroten alten Fiat 500 durch die Zypressenalleen flitzten, lachte mein Herz, lachte mein Leben. Golden schimmerte die Erinnerung daran in mir, als ich wenige Wochen später wieder einmal über den Vorbereitungen zur bald stattfindenden kirchlichen Trauung saß. Doch irgendetwas stimmte nicht. Das spürte ich sofort, als mein Mann von der Arbeit kam. Nach all den Jahren teilt man nun mal mehr als nur das Glück.

Was dann jedoch kommen sollte, hätte ich mir in meinem schlimmsten Träumen nicht vorgestellt. Der Mann, dem ich mein Leben und mein Herz anvertraut hatte, den ich blind zu kennen glaubte, teilte mir ohne mich ansehen zu können mit: „Alex, du bist nicht die Richtige. Du musst gehen." Die Worte ließen mich erstarren. Das durfte, das konnte nicht wahr sein. Fast zwangen mich die Worte in die Knie, der Schmerz schien meinen Körper zu lähmen. Vorbei. Alles vorbei. Aus heiterem Himmel. Wie in einem schlechten Film. Mit einem Satz brach meine kleine, heile Welt in tausend Stücke, mein Herz brach. Ich konnte nicht denken, geschweige denn atmen, alles tat mir weh. Ich fühlte nichts als Leere und Schmerz.

Tage sollte das dauern, Wochen, Monate, letztlich sogar Jahre. Im Rückblick auf diese Zeit muss ich dennoch lächeln. Denn mein größtes Geschenk, mein Glaube, wurde gerade da neu geboren und unendlich bestärkt als ich „im finstersten Tal wanderte". Denn es war wie bei den „Spuren im Sand" jener Geschichte, die um die Welt ging. Nie fühlte ich mich so allein, so verlassen, so hilflos und leer, so unendlich traurig. Nie war ich jedoch zugleich geborgener in Gottes Hand wie zu diesem Zeitpunkt, nie seiner großen Liebe so nah. Mit unendlicher Zärtlichkeit, Sanftheit, Güte und Liebe zeigte mir mein Gott, dass zwar Menschen enttäuschen und die vermeintlich große Liebe zerbrechen kann, doch dass er nicht so ist.

In 1000 Sprachen sprach Gott zu mir, damit ich, die ich in meiner tiefen Traurigkeit, Verzweiflung und manchmal auch Wut gefangen war, ihn wahrnahm und verstand. Gott schenkte mir wohltuende Begegnungen und stärkte die, die seit eh und je Leben und Weg mit mir teilten, inbesondere meine herzensguten Eltern, auch diesen Wirbelsturm mit mir durchzustehen. Er schickte mir einen Regenbogen, die von mir so innig geliebten Sonnenblumen am Wegrand, ein Kinderlachen, hell und klar und so unwiderstehlich nachahmenswert, wenn die Tränen mir einmal mehr die Sicht nahmen, mir jeder Herzschlag weh tat und der Schmerz mich lähmte. Er sprach auf so vielfältige Art und Weise im sanften Säuseln des Windes, durch andere, in einem Bibelwort zu mir. Noch heute bekomme ich Gänsehaut, wenn ich an die Jahreslosung dieses schweren Jahres 2006 denke: „Gott spricht: Ich lasse dich nicht fallen und verlasse dich nicht." (Josua 1,5b) Das hat er wahrlich nie getan.

In dieser Zeit, das wurde mir jetzt hier in den Hügeln der Toskana bewusst, wurde Gott meine große Liebe und er sollte und soll es für immer bleiben. Und auch wenn ich nicht immer weiß, wohin er mich führt, weiß ich, dass er mich führt. Es ist nicht so, dass ich vor sämtlichen Enttäuschungen verschont geblieben bin. Auch ich kann nicht immer auf Anhieb verstehen, was er mit mir vorhat. Aber ich vertraue meinem Chef, wie ich Gott schon seit vielen Jahren nenne, jeden Tag aufs Neue mein Leben an. Und ich weiß, dass ich gut daran tue und dass mir nichts, aber auch gar nichts passieren kann, weil ich nie tiefer fallen kann als in seine Hände. Darüber denke ich nach, während mein Blick an der toskanischen Landschaft hängen bleibt und mir weitere Tränen über die Wangen rinnen. Welch Goldkind ich doch bin, so einen Vater im Himmel zu haben! Und ein Lächeln umfasst mein Gesicht.

Zärtlich spüre ich eine Hand auf meinem Rücken. „Alex, ist alles gut?" Es ist Thomas, mein Freund, auch so ein Geschenk Gottes. Ein Mensch, von dem ich noch viel lernen kann, vom Glauben, von der Liebe zu Gott, und der mir das Vertrauen gibt, wieder lieben zu können, weil wir Gott als gemeinsame Basis für unser Leben haben. Ich lächle ihn an. Wir brauchen keine Worte, um einander zu verstehen. Thomas lächelt zurück. Und ich bin mir sicher, dass in diesem Moment noch jemand lächelt. Mein Vater im Himmel.

Ein Herz für die Mission

Susanne Bruns

In unseren Straßen hallte immer Kinderlärm. Wir waren eine Truppe von vier Mädchen im Alter von vier bis sechs Jahren. Allerdings herrschte von 12 Uhr bis 15 Uhr strenge Mittagsruhe. Dann durfte kein einziger Ton ertönen. Dafür sorgten zwei alte Herrschaften. Bettina und ich machten uns dann immer in die Wiesen und Felder auf. Dort hörte uns keiner und wir störten niemanden. Die Kühe und Frösche kümmerten sich nicht um uns und meine Mutti war großzügig mit schmutzigen Hosen und Pullovern; wir hatten ja eine Waschmaschine. Am schlimmsten traf es immer Dörte, die diese Zeit in ihrem Kinderzimmer verbringen musste. War die Mittagszeit vorbei, ging man an die verschiedenen Türen, um einander wieder zusammenzutrommeln.

Doch an diesem Tag lief es schief. Dörte machte nicht auf, Bettina musste noch Schularbeiten machen und die Mutter von Marion schickte mich wieder fort. Sie hatte am Morgen in der Tageszeitung gelesen, dass in der neuen Kirche ein Kinderprogramm stattfinden sollte. Dort wollte sie ihre Tochter hinschicken. Ich war schon fast wieder um die Kurve in meine Straße gebogen, als mich die Mutter zurückrief und sagte, ich sollte meine Eltern fragen, ob ich mit in die Kirche gehen dürfe, wenn ich wollte. Naja, es war ja keiner zum Spielen da und so fragte ich meinen Paps, der es mir auch ohne weiteres erlaubte.

So spazierten wir – Marions Mutter, Marion und ich – die 800 Meter zur Kirche. Es waren schon einige Kinder dort. Bunte Liedpappen lehnten an der Wand und die Stühle standen im Halbkreis. Die Lieder waren super. Sogar Spiele machten wir. Außerdem hörten wir eine Geschichte aus der Bibel. So etwas hatte ich noch nie gehört und diesen Jesus, der unser Freund sein wollte, schloss ich sofort in mein Herz.

Als wir nach Hause gingen, erzählte Marion, wie doof und langweilig sie es gefunden hatte. Der nächste Donnerstag kam und ich musste unbedingt dorthin. Keiner konnte mich aufhalten, auch nicht mit der Aussicht, dass wir wieder in die Bäume klettern wollten. Ich lernte begierig die Bibelverse auswendig und lauschte gespannt den Geschichten aus der Bibel. Jesus wurde mehr und mehr mein Freund. Mittlerweile hatte ich das Gitarrespielen begonnen und begleitete auch die Lieder in der Kinderstunde. Die kleinen Zettel mit den Quizfragen und den Bibelversen verzierte ich schön und klebte sie in ein kleines Heft ein. Ein kleiner Ausweis zählte, wie oft man kam, ob man jemanden mitbrachte oder ob man den Bibelvers auswendig konnte. Mit einem anderen Jungen habe ich mir immer die meisten Stempel und kleinen Preise geteilt.

Als ich acht Jahre alt war – ich weiß es, als ob es gestern gewesen wäre – saß ich in der zweiten Reihe links und die Geschichte von Hudson Taylor wurde weitererzählt. Ich saß wie gebannt auf meinen Stuhl und wollte jedes Wort mitbekommen. Plötzlich großes Entsetzen: Herr Knee fragte Hudson Taylor, wie lange sie das Evangelium schon in Großbritannien haben ... und warum seid ihr dann erst jetzt gekommen?

Mit großen Augen saß ich da und fühlte eine tonnenschwere Last auf meiner kleinen Seele. Im Innern sagte ich: Gott, ich werde sofort gehen, wenn ich groß bin. Warum wollten die Erwachsen denn nicht in ferne Länder gehen und auch dort den Menschen von Jesu Liebe erzählen? Dieser Gedanke beschäftigte mich lange und je mehr Gründe ich erfuhr – keine deutsche Schule, fremdes Essen, keinen Luxus wie in Deutschland ... – desto mehr wuchs mein Unverständnis. Jesus hat-

te alles verlassen. Er lebte noch nicht einmal in einem Haus. Dieses Leben hatte er gegen die Herrlichkeit, die goldene Stadt getauscht. So sehr liebte er uns. Und für uns sollte der Tausch einer Bambushütte gegen ein Steinhaus ein zu großes Opfer sein?!? Ich blieb bei meinem Entschluss. Wenn ich groß wäre, dann würde ich gehen. Im Nachhinein hat es mich immer wieder beeindruckt, wie Gott dieses kindliche Versprechen ernstgenommen, den Samen gehegt und genährt hat.

Mit 11 Jahren bin ich zum ersten Mal auf eine Kinderfreizeit mitgefahren. Dort bekam ich meine erste Bibel geschenkt und ein kleines Heft, das mir geholfen hat, die Bibeltexte zu verstehen. Ich liebte es, die Geschichten jetzt selbst in der Bibel lesen zu können und auch noch ganz andere Texte zu entdecken. Auf der Freizeit machte ich in einem Gebet meine Liebe zu Jesus und meine Hingabe nochmals fest. Ich war begierig, immer und immer mehr über meinen himmlischen Vater, Freund und Heiland zu lernen. Bei allem was ich lernte, blieb ich nicht stumm, sondern engagierte mich im Krankenhaus-Singen, Jugendchor, Jugendgottesdiensten – jeder sollte diesen tollen Vater kennen lernen. Mein Herz war immer missionsorientiert und so arbeitete ich im Kindergottesdienst, bei Kinderfreizeiten und Spielplatzeinsätzen mit. Später folgten dann Mitarbeiterschulungen für Kinderarbeit, die ich referierte, Herstellung von Liedpappen, Kinderstundenausweisen und sonstiges diverses Material, um eine Kinderstunde schön zu machen.

Als das Missionsschiff Doulos bei uns im Hafen lag, habe ich dort eine Woche lang als Volontär gearbeitet. Vormittags gab es immer irgendwelche Lehrstunden und an den Nachmittagen halfen wir in der Küche, beim Buchverkauf usw. Wir hatten auch das Sketchboard-Malen gelernt und sollten dann am Wochenende in der Fußgängerzone eine Evangelisation durchführen. Eine biblische Geschichte zu erzählen war okay, aber ich hatte immer noch Probleme dabei, gleichzeitig zu malen. Am Morgen riss ich mir gleich die Traktate unter den Nagel, damit ich nicht „meine Predigt" halten musste. Mittags aßen wir auf der Doulos. Der Leiter fragte, wer noch nicht an der Reihe gewesen war und legte mich als dritten fest. Im Januar bei Minusgraden schwitzte ich und mein einziger Gedanke war: Herr, lass etwas geschehen, dass ich nicht drankomme. Zurück in der Fußgängerzone begann der erste seinen Beitrag. Ich betete weiter, dass die Farbe einfriert. Der zweite legte nach einer kurzen Pause los und stocherte merkwürdig in den Farbtöpfen herum. Er lies sich nicht ganz aus dem Konzept bringen und andere begannen mitzuhelfen, unter ständigem Rühren, die Farbe flüssig zu halten. Jetzt war ich an der Reihe. Ich nahm einen Farbtopf, heftete neues Papier an die Tafel. Und der Leiter brach den Einsatz ab, da in den Töpfen jetzt auch das letzte Flüssige zu Eis erstarrt war. Gott erhört auch außergewöhnliche Gebete!

In all den Jahren begleitete mich immer ein Bibelvers: Befiehl dem Herrn deinen Weg und hoffe auf ihn. (Psalm 37) Gott führte mich durch Höhen und Tiefen. Er führte sogar durch Abgründe, in denen mein Glaube fast zerbrach.

Gott erinnerte mich immer wieder an mein Versprechen als Achtjährige. Nun war es endlich Zeit, eine biblische Ausbildung an der Bibelschule zu absolvieren, und schließlich in der Gemeindegründungsarbeit Erfahrung sammeln. Ich liebte meine Aufgabe – Gott als mein Arbeitgeber und dankbare Menschen, die gerne von meinen Erfahrungen und meinem Wissen lernten. Ich war dankbar für diese Stelle, denn es gab später auch Stellen mit Gegenwind.

Eine Gruppe von Gläubigen und viele Freunde um sich zu haben, ein festes Einkommen zu erhalten, um die Ecke christliche Literatur kaufen können – mein Christenleben hatte eine einfache Ebene erreicht. Es ging mir gut.

Die durchlebten Tiefen hatten Reife, Stärke und den Wunsch geschenkt, weiter und immer tiefer in Heiligung zu leben. Ich war mit meinen äußeren Vorbereitungen fertig – es fehlte „nur" noch, das Flugzeug zu besteigen. Doch konnte ich wirklich meine Sicherheiten aufgeben? Meine Freunde zurücklassen? Das Vertraute? Konnte man wirklich der Verheißung vertrauen: Trachtet zuerst nach Gottes Reich, alles andere wird euch zufallen?

Ich sprach mit der Gemeindeleitung, in mir brannte es ja schon, mich auf den Weg zu machen und Gott gehorsam zu sein. Es kam der Sommer. Ich sollte meine Partnermission kennen lernen und dann weiterreisen in mein Einsatzland. Die Freude war riesig und das Gefühl „Mein Gott kann" unumstößlich. Doch dann waren meine Kosten nicht gedeckt und ich musste zurück nach Deutschland. Drei Monate später ging es dann endlich ins Land des einstmals großen Goldrausches, wo ich jetzt meine Goldnuggets an Indianerkinder und Weiße weitergeben durfte.

Mit Gott auf Wohnungssuche

Dorothea T.

Kennen Sie Erfurt? Erfurt hat einen mittelalterlichen Stadtkern, Martin Luther ist hier ins Augustinerkloster eingetreten und seit der Wiedervereinigung Deutschlands haben sehr viele Häuser eine Sanierung und damit Verschönerung erlebt. Ich lebe hier mit meiner Familie seit etwa 35 Jahren und seit 30 Jahren im gleichen Stadtteil. Obwohl viele Menschen die Stadt aus beruflichen Gründen in Richtung Westen verlassen haben, zieht Erfurt in den letzten Jahren nicht nur Touristen, sondern auch Studenten und Lehrlinge an. Viele Umlandbewohner zieht es zurück in die Stadt. Viele Schulen mussten zwar ihre Pforten schließen und die Plattenbauten aus den Zeiten der DDR wurden oft gegen ein schmuckes Eigenheim auf einem der umliegenden Dörfer getauscht, aber wenn man einen Platz hat, an dem man gerne lebt, beschäftigen einen der aktuelle Wohnungsmarkt und die teuren Mieten kaum.

Gute Erfahrungen mit Gott hatte ich schon einige, aber sein Wort wurde mir in diesem Jahr ganz neu wichtig und wegweisend. Die Jahreslosung – „Euer Herz erschrecke nicht! Glaubt an Gott und glaubt an mich!" (Johannes 14,1) – hatte mich im Januar zwar etwas verstört, aber es gab zu diesem Zeitpunkt keinerlei schlimme Sorgen oder Schwierigkeiten. Das änderte sich rasch! Im März 2010 bekamen wir Post. Unser Mietshaus, in dem wir seit 23 Jahren wohnen, war an einen neuen Besitzer verkauft worden. Er teilte uns mit, dass er es komplett sanieren wolle. Wir hatten zwar schon mehrere Besitzerwechsel erlebt, aber nun wurde es ernst. Es ist eines der letzten Häuser der Straße, in dem die Mieter noch Kohleöfen haben und das Tragen der Eimer aus dem Keller die Gebühren für ein Fitness-

Studio spart. Durch den Mietvertrag aus der Zeit der DDR war die Miete moderat und immer wieder zogen Studenten als WG über uns ein und aus. Andere Mieter schätzten so wie wir die ruhige und doch zentrale Lage des Hauses und so sahen wir trotz mancher bösen Überraschung der letzten Jahre – mehrere Rohrbrüche – sorgenvoll auf das geplante, umfangreiche Sanierungsvorhaben und die zu erwartende Erhöhung der Miete. Eigentlich hatten wir im April das Wohnzimmer frisch tapezieren wollen, das ließen wir nun. Auch Kohlen wollten wir wieder bestellen, – wir taten es nicht und ich begann dafür zu beten, dass Gott uns doch helfen möge, eine neue, passende Wohnung zu finden.

Von einer lieben Bekannten hatte ich einen großen Kalender vom Kawohl Verlag geschenkt bekommen. Für die Monate April bis Juni stand da: „Vertrau dich dem Herrn an und sorge dich nicht um die Zukunft! Überlass sie Gott er wird es richtig machen." (Psalm 37,5) Das ermutigte mich sehr und ich war mir sicher, dass es nicht allzu schwierig sein dürfte, etwas Neues zu finden. Von Anfang an war mit meinem Mann abgemacht, dass ich mich um eine neue Wohnung kümmern sollte, denn er war durch einen Todesfall in seiner Verwandtschaft und die Auflösung eines Haushaltes sehr eingespannt.

Ich gab also eine Kleinanzeige auf und war mir sicher, dass wir als Ehepaar mittleren Alters und mit festen Anstellungen sehr gefragte Mieter seien. Meine Naivität wurde erschüttert, als ich feststellen musste, dass ich nicht eine Zuschrift auf mein Mietgesuch hin erhielt. Nun telefonierte ich mit den Wohnungsbaugenossenschaften der Stadt und erfuhr von der Aussichtslosigkeit auf eine Wohnung in unserem bisherigen Umfeld mit der von uns gewünschten Größe. Dazu kam der Schock über die aktuellen Mietpreise. Berufsbedingt bin ich auf ein Arbeitszimmer angewiesen. Mein Mann wird zum

Jahresende in den Vorruhestand gehen, dadurch wird sich auch unser Einkommen deutlich verringern. Die Größe der zu suchenden Wohnung stand also zum Einkommen in einem schlechten Verhältnis. Viele Menschen informierten wir von unserem Vorhaben in der Hoffnung auf einen hilfreichen Hinweis. Täglich suchte ich im Internet nach neuen Angeboten, die Kleinanzeigen wurden sorgfältig studiert und dann erfuhr ich beim Friseur von einer freiwerdenden Wohnung ganz in unserer Nähe, sogar mit guten Bekannten im Haus.

Das wäre doch die ideale Wohnung, da hätte man gleich einen Blumengießer in Urlaubszeiten! Die Bekannten riefen den Vermieter an und der erklärte mir, er sei leider an einen Makler gebunden. Es sollte auch eine sehr teure Küche mitvermietet werden, das wollten wie auf keinen Fall, denn unsere Küche hatten wir erst vor wenigen Jahren erworben und dafür lange gespart. Nach wenigen Tagen hatte diese Wohnung neue Mieter und ich war ziemlich sauer auf Gott. Auch die nächsten „Favoriten" gingen an andere Wohnungssucher. Ich hatte kurz vor der Suche mal gelesen, dass wir Gott ganz konkret bitten sollen. Ich habe es nicht nur getan, sondern auch in meinem Gebetsbuch notiert. Wir wünschten uns eine Dreieinhalb-Zimmer-Wohnung in unserer Gegend mit netten Mitmietern. Die Wohnung sollte nicht im Erdgeschoss sein, möglichst einen Balkon haben und auch meinem Mann gut gefallen. Sie müsste bezahlbar sein und unsere Küche wollten wir behalten können. Da ich auf die Ferienzeit angewiesen bin, sollte der Umzug auch möglichst bis Ende Juli abgeschlossen sein, denn das neue Schuljahr begann in diesem Jahr in Thüringen sehr früh.

Ich bat Gott auch darum, mir nicht mehr als fünf Wohnungen anschauen zu müssen. Sehr viele Wohnungen entpuppten sich schon bei der Besichtigung von außen als bestenfalls dritte Wahl. Wer will schon im mittleren Alter ins vierte Stockwerk ziehen oder an eine vierspurige befahrene Straße?

Jede Abendrunde mit dem Fahrrad oder zu Fuß wurde eine neue Enttäuschung. Inzwischen wurde ich sehr kleinlaut und suchte auch in anderen Stadtteilen. Aber wenn man Freunde, Kirchenchor, Gemeinde, Arzt, Zahnarzt, Schwimmhalle und Garagenplatz in der Nähe hat, warum soll man das alles aufgeben? Gott schenkte mir immer mal wieder einen Hinweis, dass er sehr wohl den Überblick hat und mehr Möglichkeiten als ich. Da stand beispielsweise Mitte Mai im Programmheft des Kinoclubs der Film „In meines Vaters Haus sind viele Wohnungen" – na, da müsste sich doch auch eine für uns finden lassen!

Allmählich kannte ich Namen von Maklerbüros und freie Wohnungen in allen Stadtteilen, die offenbar auch anderen Leuten nicht gefielen. Mein Mann spürte die wachsende Verzweiflung und suchte auf seinem Weg zur Arbeit gezielt nach leeren Fenstern. Wieder sahen wir uns ein Angebot an, das sich aber als zu klein erwies. Unzählige Telefonate, unter anderem mit Freunden, die uns auf Angebote hinwiesen, die sie irgendwo entdeckt hatten, wurden geführt.

Ich las ganz bewusst von Gebetserhörungen anderer Menschen und erinnerte mich an Ereignisse unseres Lebens, bei denen uns Gott früher schon geholfen hatte, denn ich neige zur Schwermut und Panik, wenn es schwierig wird. Die Tageslosung vom 19.5.2010 „Sollte Gott etwas unmöglich sein?" und „Werft euer Vertrauen nicht weg, welches eine große Belohnung hat!", stärkten mich. Einige Tage später stand da: „Sei mutig und stark. Lass dich nicht einschüchtern und habe keine Angst."

Auf meinem Schreibtisch lag meine Zusage für diesen Buch-Beitrag. Ich schickte den Brief am 31.5.2010 ab, obwohl keine

Wohnung in Sicht war. Am 1.6.2010 trösteten Jesaja 7,4 und 1. Korinther 16,13. Inzwischen schien mein Mann den Mut zu verlieren und ich las am 2.6.2010: „Der Herr wird seinem Volk Recht schaffen, und über seine Knechte wird er sich erbarmen!" „Sollte Gott nicht Recht schaffen seinen Auserwählten, die Tag und Nacht rufen und sollte er´s bei ihnen lange hinziehen?" Trotzdem war ich angespannt und bat Gott um eine Antwort, warum alles so schief zu laufen schien. Die bekam ich am 3.6.2010 mit dem Lesetext der Losung im Epheserbrief 4,1-7 und Hebräerbrief 12,1-11. Bitte lesen Sie selbst nach!

Am 4.6.2010 besichtigten wir die fünfe Wohnung. Am 9.6.2010 trafen wir uns mit dem Vermieter und es stellte sich heraus, dass er den Bruder meines Mannes beruflich bedingt, gut kennt. So war gleich eine positive Grundstimmung für alle zu klärenden Einzelheiten. Ja, Gott sorgt gut für uns. Wir werden im Juli einziehen!

Wie ich zum Glauben an Jesus Christus kam

Angelika Castellaw

Ich bin in eine katholische Familie geboren. Glauben spielte für uns keine Rolle. Wenn wir zufällig an „normalen" Sonntagen in die Kirche gingen, waren meist nur alte Leute im Gottesdienst. So lernte ich, dass Glauben offensichtlich nur etwas für Alte war.

In der Schule war ich sehr engagiert und mehrere Male Klassensprecher. Mit 18 ging ich auf eine Klassensprecherfreizeit. Abends saßen wir ums Lagerfeuer, ein Junge spielte auf der Gitarre: „Mir geht es wie dem Jesus, mir tut das Kreuz so weh …" Ein schüchternes Mädchen meldete sich zu Wort: „Beleidige nicht Jesus. Er ist mein bester Freund." Unser Lehrer redete stark dagegen: Glaube sei eine Krücke, etc. Ich sah nur zu, war aber tief beeindruckt, wie sicher dieses Mädchen von ihrem Glauben redete. Mir war klar, dass sie nicht nur etwas wiederholte, was ihr jemand vorgesagt hatte. Sie war selbst davon überzeugt.

Das sprach mich so sehr an, dass ich mehr über diesen Jesus hören wollte. Ich bat ein Mädchen aus meiner Klasse, mich in ihre (Methodisten-)Kirche mitzunehmen. Sie brachte mich zu einer Jugendevangelisation „Junge Menschen missionieren", wo der Prediger das Evangelium klar erklärte: Wendet euch von euren Sünden ab und wendet euch zu Jesus.

Am Ende bedankte ich mich und ging unverändert nach Hause. Obwohl ich glaubte, dass diese Leute alle etwas hatten, was ich nicht hatte, und dass es wahrscheinlich Jesus war, wollte ich es nicht für mich selbst annehmen. In meinen Augen war alles, was Spaß macht, Sünde. Ein Leben ohne „Sünde" konnte ich mir also gar nicht vorstellen.

Heute glaube ich, dass jemand, der einmal das Evangelium gehört hat, nie mehr derselbe ist. Ein Same war gesät worden, und Gott wird diesen Samen weiterhin benutzen. So ging es auch mir. Zwei Jahre lang beschäftigte mich das Thema „Religion". Ich wusste, dass ich mit Gott nicht im Reinen war, aber ich schob es immer wieder zur Seite. Einmal fragte ich meine Methodistenfreundin, warum sie glaubt, was sie glaubt. Sie antwortete, weil sie es von ihren Eltern gelernt hatte. Diese Antwort fand ich enttäuschend, weil das ja hieß, dass sie ihre Überzeugungen jemandem nachplapperte. Ich schob das Thema noch weiter von mir.

Ein Jahr nach meinem Abitur machte ich eine Reise nach Amerika. Die letzte Station war New York City. Dort sprach mich ein Mädchen an, ob ich mich für geistliche Dinge interessiere. Sie muss gedacht haben, sie hätte einen tollen Fang gemacht, denn ich war da sehr empfänglich. Anfangs erzählte sie ein paar Bibelgeschichten, dann stellte sie mir einen „großartigen Prediger" vor: Reverend Mun. Mir fiel zunächst nichts Ungewöhnliches auf. Für das meiste, was sie sagte, hielt mir Gott in seiner Gnade einfach die Ohren zu. Ich hörte immer nur eines: „Du musst mit Gott ins Reine kommen, mit Gott ins Reine kommen." Ich hatte ihr nicht gesagt, dass ich nur auf der Durchreise war. Sie dachte wohl, sie hätte mehr Zeit, mich einzufangen, also fing sie erst mit Geschichten aus der Bibel an und erzählte nur wenig über Reverend Mun. Als ich dann ankündigte, in zwei Tagen wegzufahren, betonte sie die Bedeutung von Reverend Mun stärker. Sie schlug vor, ich solle in New York bleiben, um seine wunderbaren Lehren besser kennenzulernen. Ich war nicht der Typ, dem eingefallen wäre, spontan mein ganzes Leben in Deutschland an den Nagel zu hängen. So forderte ich sie heraus: „Wenn das, was du sagst, die Wahrheit ist, muss es ja auch in Deutschland die Wahrheit sein." Dazu konnte sie nichts sagen, und ich flog zurück nach Hause.

Das Verlangen, mit Gott ins Reine zu kommen, blieb, und ich wollte es nicht mehr ignorieren. Ich beschloss, von nun an „sündenlos" zu leben. Eine Woche lang war ich mit dem Resultat halbwegs zufrieden. (Meine Definition von Sünde beschränkte sich auf äußere Handlungen: Rauchen, Trinken, Fluchen usw. Sünden der Gedanken berücksichtigte ich nicht.)

An einem Wochenende luden mich Freunde zu einer Party ein. Ich wusste schon, dass nicht alles „jugendfrei" sein würde, aber ich ging trotzdem hin. Ich tat Dinge, die sogar nach meiner Definition „Sünde" waren. Wieder zu Hause angekommen wurde ich also von meinem schlechten Gewissen geplagt, aber ich wusste keinen Ausweg. Ich versuchte, mich zu erinnern, was verschiedene Menschen mir über Gott erzählt hatten. Dabei fiel mir ein, dass meine Freundin gesagt hatte, sie glaube, weil ihre Eltern ihr das beigebracht haben. Wieder klang es für mich wie ein Nachplappern. Wahrscheinlich war doch nichts dran. Ich sprach laut aus: „Ich werde die Wörter ‚Sünde' und ‚Schuld' endgültig aus meinem Wortschatz streichen." Das gab mir einigermaßen Frieden und ich konnte endlich einschlafen.

Am nächsten Tag rief mich eben jene Freundin an. Wir hatten uns seit einem Jahr kaum gesehen und sie konnte keine Ahnung haben, was in mir vorging. Ich fragte sie nach ihrem Urlaub in England. Sie beschrieb das Wetter und die Landschaft und ich hakte nach: „Gut und schön, aber was hast du denn gemacht?" (Sie erzählte mir hinterher, dass sie sich vorgenommen hatte, nicht über Gott zu reden, damit es keinen Streit gebe, aber ich hätte nachhaltig gebohrt. Mir war das nicht bewusst.) Endlich rückte sie mit der Sprache heraus: „Ich habe Jesus als meinen Retter angenommen." Ich war baff: „Aber du bist doch schon lange Christ, gehst in die Kirche usw." Dann nahm sie mir die Worte aus dem Mund: „Ja, aber bisher habe ich immer nur wiederholt, was meine Eltern gesagt haben. Jetzt habe ich Jesus persönlich erlebt."

Ich war sprachlos. Ich hatte keine Zweifel, dass Gott diese Dinge so geführt hatte, weil er mich damit ansprechen wollte. Mir wurde auch klar, dass ich gefährlich lebte, weil ich Gott schon einmal abgewiesen hatte, und das wollte ich nicht noch einmal tun. Also wandte ich mich an diesem Tag, am 10. August 1987, im Wohnzimmer meiner Freundin von meinen Sünden ab und nahm Jesus als meinen Retter an. Ich bat Gott, mir zu helfen, von jetzt an mit ihm und für ihn zu leben.

Ich hatte keine Ahnung, dass es einen Unterschied zwischen Rechtfertigung aus Glauben oder aus Werken gibt. Gott sah meine Unwissenheit und schickte mir in der Uni einen schottischen Austauschschüler, der selbst Christ war und mich unter seine Fittiche nahm. Er zeigte mir viele Dinge in der Bibel und schlug vor, zusammen verschiedene freie Gemeinden zu besuchen. Wir entschieden uns für eine freie Baptistengemeinde, wo ich ein halbes Jahr nach meiner Bekehrung biblisch getauft wurde.

Der Austauschschüler ging nach Schottland zurück; ich blieb in der Gemeinde. Vier Jahre später lernte ich dort meinen Mann kennen und nach eineinhalb Jahren heirateten wir. Sieben Jahre später zogen wir nach Heidelberg und gründeten eine neue Gemeinde.

Ich bin dankbar, dass Gott mir gläubige Menschen geschickt hat, die Zeugen für das wahre Evangelium waren, weil ich so Jesus und Frieden mit Gott gefunden habe. Es ist mein Herzenswunsch, dass ich jetzt dieser Mensch für andere sein kann.

Spuren!

Rolf Grebener

Es war im Frühling 1961. In unserer Nachbargemeinde Apen war Frühlingsmarkt. Alle meine Freunde waren dort zu finden. Nur ich durfte nicht hin. Meine Eltern hatten es mir verboten. Traurig schlenderte ich ums Haus. Wie gerne wäre ich jetzt dabei gewesen.

Vor dem Wohnungseingang meiner Großeltern hatte Oma ihr Fahrrad abgestellt. Es war nicht abgeschlossen. Niemand sah mich, als ich damit davonradelte. Meine Füße traten in die Pedale. Die Räder drehten sich wie der Blitz. Schnell war ich auf dem Festplatz in Apen. Meine Freunde grölten am Autoscooter. Auch ich rannte zum nächsten freigewordenen Fahrzeug. In kurzer Zeit hatte ich mein Geld ausgegeben und wollte nur noch nach Hause.

Der Platz, an dem ich Omas Fahrrad abgestellt hatte, war leer. Das Fahrrad war nicht mehr da. Ich suchte und suchte, doch das Fahrrad blieb verschwunden. Mit einem sehr schlechten Gewissen lief ich nach Hause. Noch immer hatte niemand mein Verschwinden mit dem Fahrrad bemerkt. Gerade rechtzeitig zum Abendbrot war ich zu Hause. Meine Mutter betete: „Komm Herr Jesus, sei unser Gast und segne, was du uns aus Gnade bescheret hast." Erschüttert würgte ich das Abendbrot hinunter, doch ich erzählte nichts. Wilde Albträume quälten mich in dieser Nacht.

Am nächstem Morgen fuhr ich nicht wie üblich mit dem Zug nach Leer zur Berufsschule, sondern suchte Omas Fahrrad. In vielen Polizeidienststellen und Fundbüros der umliegenden Gemeinden fragte ich nach einem gefundenen Damenfahrrad. Den ganzen langen Tag suchte ich, doch ohne

Erfolg. Todmüde fuhr ich zu Omas Schwester, Tante Harmke, nach Leer. Dort wohnte ich von Montag bis Samstag nahe meiner Lehrstelle als Einzelhandelskaufmann bei der Firma Heinrich Wilhelm Kramer.

Tante Harmke war über meinen Zustand sehr besorgt. Sie hatte ja keine Ahnung, was mit mir los war. Als Entschuldigung für mein spätes Kommen und auch später in der Berufsschule schob ich Krankheit vor. Es folgte die schlimmste Woche meines Lebens. Die Tage schlichen dahin. Meine Anrufe bei den Polizeidienststellen im Ammerland waren ohne Erfolg. Endlich kam das Wochenende. Wie gewohnt fuhr ich mit dem Zug nach Augustfehn. Das Fahrrad war immer dabei. Doch nach Hause fuhr ich nicht. Stundenlang suchte ich Omas Fahrrad.

Unzählige Streiche hatte ich schon ausgeheckt und war dafür immer bestraft worden. Davor hatte ich keine Angst. Doch Oma und Opa hatten immer sehr sparsam gelebt. Ein Fahrrad war etwas sehr wertvolles, dafür musste lange gespart werden. In meiner Verzweifelung erinnerte ich mich an die Tischgebete meiner Mutter. Es war schon dunkel und sehr kalt geworden. Einsam und verlassen fühlte ich mich. „Lieber Herr Jesus, betete ich, zeig mir doch bitte Omas Fahrrad." Warum hatte ich es nur genommen und nicht mein eigenes? Warum musste mir so etwas passieren?

Die Hoffnung, das Fahrrad jemals zu finden, war sehr gering. Betrübt fuhr ich nach Hause. Meine Eltern waren durch mein spätes Eintreffen voller Sorge. Schweren Herzens erzählte ich ihnen meine Geschichte. Doch alle wussten Bescheid. Schon am Montag hatte ein Bekannter meinen Eltern erzählt, wie verzweifelt ich Omas Fahrrad suchte. Opa hatte darauf gesagt: „Das ist nicht schlimm, so lernt der Junge das Beten." Oma hatte sich dann schon an diesem Montag ein wunder-

schönes neues Fahrrad gekauft und freute sich. Mama hatte ein Festmahl zubereitet. Es war mein Lieblingsgericht, Schweinebraten mit Rotkohl, einfach köstlich. Lange saßen wir an diesem Abend zusammen. Kein Wort des Vorwurfs fiel, als ich meine Geschichte erzählte. Noch nie vorher hatte ich so mit meinen Eltern geredet. Niemals vorher hatte ich so intensiv gespürt, wie sehr mich meine Eltern liebten. So muss sich der verlorene Sohn gefühlt haben, der endlich wieder zu Hause war. Glücklich, stolz und unsagbar dankbar war ich, so eine Familie zu haben.

Das Fahrrad blieb verschwunden. Das Erlebte aber hat Spuren hinterlassen, tiefe Spuren auf meiner Seele.

Die mit Tränen säen ...

Maria-Rosa Feustel

Meine lebendige Beziehung zu Gott, Jesus Christus und dem Heiligen Geist ist noch recht jung. 2000 lernte ich mit Ende zwanzig meinen heutigen Ehemann kennen. Damals waren wir beide keine Kirchgänger. Gott war für mich etwas Unnahbares und die Bibel hatte ich bis dato auch noch nicht gelesen. Schon beim ersten Date unterhielten wir uns über Glauben und Kirche. Irgendwann las mein Freund mir aus der Bibel vor. Das machte mich neugierig auf mehr und ich begann, selbst in der Bibel zu lesen. So lernte ich Jesus Christus kennen. Nach vielen intensiven Gesprächen über den Glauben, beschlossen wir, die Gottesdienste der Evangelischen Kirche zu besuchen. Bei diesen Gottesdiensten passierte etwas ganz besonderes. Die Predigten sprachen Themen an, die uns die Woche über beschäftigt hatten, so als hätte Gott uns beobachtet und uns die passenden Antworten geben wollen. Wir gingen Sonntag für Sonntag in die Kirche und ich las mal mehr, mal weniger in der Bibel.

2002 heirateten wir und ein Jahr später gebar ich unseren Sohn. 2004 wurde ich erneut schwanger. Unser Sohn war erst neun Monate alt. In diesem Jahr begann eine viereinhalb Jahre andauernde Ehekrise. Auslöser waren sicherlich negative Erfahrungen aus den vorangegangenen Beziehungen und unbearbeitete Verletzungen und Kränkungen aus unserer Kindheit, die wir beide mit in die Ehe gebracht hatten. Hinzu kam die Schwangerschaft, die an meinem Körper gezehrt hatte, der Schlafentzug und die ständige Präsenz für unsere Kinder. Ich hatte keine Zeit für mich und meine Bedürfnisse und erst recht keine Zeit für meinen Ehemann. Dies alles wurde zur

Belastung für unsere Beziehung. Jeder fühlte sich vom anderen unverstanden und gab dem anderen die Schuld für die Situation. Wir wollten unseren Kindern ein heiles, gesundes und glückliches Familiennest schenken, denn das hatten wir selbst als Kinder vermisst. Doch die Streitsituationen, die gegenseitigen Kränkungen und Verletzungen drohten das zu vereiteln. Wir begannen, an unserem Leben und an unserer Ehe zu verzweifeln. Die Angst zu versagen wuchs ins Unermessliche.

Acht Monate nach der Geburt des zweiten Kindes, einer Tochter, waren wir beide völlig am Ende. Wir zogen uns zurück. Mit all meiner Trauer, Wut und Verzweiflung schrie ich zum Himmel. Ich schrie nach Hilfe und Erlösung. Ich blätterte wie besessen in der Bibel in der Hoffnung, dass Gott mir eine Lösung des Problems zeigen würde. Wo war denn mein Gott?

Mit dem Einverständnis meines Ehemannes fuhr ich mit unseren Kindern für zwei Wochen zu Verwandten nach Sizilien. Dort besuchte ich Gottesdienste einer Freien Evangelischen Gemeinde. Ich hörte den Predigten zu, bettelte im Gebet um Hilfe und schrie zum Himmel um Rettung meiner Ehe. Auch am Freitag, den 25.11.2005, ging ich zum Gottesdienst, setzte mich hin und lauschte mit geschlossenen Augen der Predigt. Ohne es zu wollen, schweiften meine Gedanken ab und machten eine Reise durch mein Leben. Und dann sah ich vor meinem geistigen Auge ein Bild. Ich sah meinen Ehemann und mich vor dem Altar als wir uns das Ja-Wort gaben. Und im gleichen Augenblick hatte ich die Gewissheit, dass diese Ehe von Gott gewollt war und das Gefühl, dass alles wieder gut werden würde. Er würde sich darum kümmern.

Ich war sehr angerührt, dankte Gott für dieses Zeichen und sagte: „Ich vertraue dir. Du wirst alles wieder gutmachen. Mein Leben lege ich in deine Hand!" Kaum hatte ich das ausgesprochen, hatte ich so etwas wie eine Vision. Jesus stand vor mir in einem strahlenden, hellen, warmen Licht und mit einem Lächeln nahm er mich in die Arme. Ich brach zusammen, war glücklich und spürte reine Liebe, Friede und Freude. All meine Last fiel von mir ab. In diesem Augenblick veränderte sich schlagartig etwas in mir und ich verlor meine Lebensängste. Danke, Jesus!

Mit der Gewissheit im Gepäck, dass alles gut werden würde, kehrte ich nach Hause zurück. Euphorisch berichtete ich meinem Mann von meiner Erfahrung. Doch unsere Beziehung verschlechterte sich zusehends. Ich las viel intensiver die Bibel, betete häufiger und vertraute geduldig auf Gottes Hilfe. Ich sprach mit meinem Ehemann über das Wort und Gottes Liebe und Gnade. Doch damit überforderte ich ihn nur noch mehr und als ich bemerkte, dass das zu mehr Streit führte, beschloss ich, statt zu reden, den Glauben vorzuleben. Ich wollte mein Leben nach Gottes Geboten ausrichten. Und vor allem wollte ich meinem Mann zeigen, dass die Veränderungen, die Jesus in mir vollbracht hatte, keine Gefahr für unsere Scherbenhaufen-Beziehung war. Ich schwieg und kämpfte gegen mein Ego, das sich gerne mal gewehrt und mit treffenden Worten zurückgeschossen hätte. Doch ich hörte nur zu. Ich hörte mir die Vorwürfe meines Ehemannes an, schwieg, biss mir auf die Zunge und betete um die richtigen Worte.

Drei Monate nach meiner Rückkehr wurde bei mir Brustkrebs diagnostiziert. Mit drei Tumoren und befallenen Lymphknoten waren die Prognosen schlecht. Diese Krankheit brachte für meinen Ehemann einen weiteren Aspekt in unsere Ehekrise: Angst, Todes- und Existenzangst. Angst davor, der Trauer seiner Kinder hilflos ausgeliefert zu sein und seine Ehefrau zu verlieren, die er trotz allem noch immer sehr liebte. Ich hingegen fühlte mich sicher und geborgen in Gottes Hand.

Wir gingen zur Paarberatung und lernten dort, aufeinander zu hören und Wünsche und Bedürfnisse des anderen zu kennen und zu achten. Gemeinsam beteten wir um Heilung für mich und unsere Ehe. Es war ein langer, schmerzhafter Prozess. Erst als ich begann, die Bibel zum Thema Ehe zu studieren und meine Fehler einzusehen, verbesserte sich langsam unsere Beziehung. Die Paartherapeutin bezeugte, dass wir nur mit unserem Gottvertrauen und der „Fähigkeit der wahren Vergebung" diese schwere Lebenssituation meistern konnten. Seit ungefähr einem Jahr leben wir nun ohne tiefgreifende Auseinandersetzungen und sind glücklich, dass wir einander haben. Gott sei Dank!

Gott hat Stück für Stück unsere Ehe gesund gemacht. Er hat mich vom Stolz, von der Rebellion und mangelnder Bereitschaft zur Vergebung befreit. Er schenkte mir die wahre Freiheit und heilte mich an Körper, Seele und Geist. Ich lernte etwas über geistige Kampfführung und darüber, wer der wahre Feind ist, der Teufel, der Zerstörer und Lügner, der versuchte und auch heute noch versucht, uns und unsere Ehe zu zerstören.

Und Gott hat mich vom Krebs geheilt. Nach der Chemotherapie und Amputation wurde im abgenommen Gewebe keine einzige Krebszelle gefunden! Ein Wunder, der die Gnade und Liebe Gottes sichtbar werden ließ.

Rechtzeitig zum Sterbesegen

Christian Hählke

Als Pfarrer darf ich die Senioren besuchen, besonders zu den runden Geburtstagen. Der 80. und 90. Geburtstag sind auch heute immer noch etwas Besonderes. Ein wirklich außergewöhnlicher Geburtstag steht an, wenn ein Gemeindeglied 100 Jahre alt wird. Vier Menschen in diesem Alter kannte ich. Von Berta möchte ich hier erzählen.

Ich kannte sie aus den Jahren, als ich in ihrer Kirchengemeinde tätig war. Zusammen mit anderen Frauen traf sie sich fast regelmäßig jeden Abend in einem der Witwenhäuser. Lieber gemeinsam den Abend verbringen als einsam, so war ihre Einstellung.

Wenn ich aus unserem Gemeindehaus kam und zu Fuß zum Pfarrhaus ging, habe ich oft auf einen Sprung hineingeschaut in das abendliche Witwentreffen. Über das nette Beisammensein habe ich mich immer gefreut. Und die Freude der Damen über meinen oft nur kurzen Besuch war ihren Gesichtern abzulesen.

Nun waren schon fast 20 Jahre vergangen und ein besonderes Ereignis warf seine Schatten voraus: Oma Berta wurde 100 Jahre alt. Allzu gerne hätte ich sie am Geburtstag besucht. Ich tat es nicht, weil ja ein anderer Pfarrer nun dort tätig war. Ich wollte ihm nicht die Schau stehlen. Also war für mich von Anfang an klar: Am Geburtstag selbst wirst du die Jubilarin nicht besuchen. Wenn schon nicht am Geburtstag selbst, dann aber noch in der Zeit danach. Unter welcher inneren Führung sich dieser Besuch ergeben hat, das werde ich wohl nie vergessen. Es ging dabei irgendwie geheimnisvoll zu. Und das kam so:

Wenige Wochen nach dem besagten 100. Geburtstag wollte ich an einem Nachmittag eine Familie im alten Wirkungsbezirk besuchen. Und als ich mir diesen Nachmittag so vorstellte, dachte ich, auf der Rückfahrt der Jubilarin nachträglich zu ihrem 100. Geburtstag gratulieren zu können.

Ein eigenartiges, sonderbares Gefühl erfasste mich, als ich mit dem Auto losfuhr. „Du fährst jetzt sofort zu Oma Berta", so ging es mir durch den Kopf. Dieser Gedanke passte mir nicht, denn das, was ich mir vorgenommen habe, will ich in der Regel auch genau so machen.

Ich hatte also das unbändige Drängen in mir, jetzt sofort auf der Hinfahrt zu Oma Berta zu fahren. Nun gut, dachte ich, warum auch nicht, der Ort liegt eh am Weg. Dann hast du am Nachmittag auch mehr Zeit für die Familie und kannst bleiben.

Der Weg zu Oma Berta war vertraut. Der Schwiegersohn war damals Kirchenvorsteher in der Kirchengemeinde gewesen. An dieser Haustür war ich ja sehr oft gewesen.

Also parkte ich mein Auto vor dem Haus. Ich ging zur Tür und klingelte. Alles war wie gewohnt. Es dauerte nicht lange, und die Tochter von Oma Berta, inzwischen auch schon eine ältere Frau, öffnet mir die Tür. „Ach, Herr Pfarrer." Hinter ihr stand der Hausarzt und sagte: „Hier kann nur noch ein Pfarrer helfen." Und ich ahnte, in welche Situation ich geraten war. Zusammen mit der Tochter verabschiedete ich den Hausarzt an der Eingangstür.

Der Mutter ginge es sehr schlecht, so sagte mir die Tochter. Wir traten in das Zimmer und an das Bett. Ruhig lag Oma Berta im Bett. Was sollte ich hier tun? Nun das, was ich in ähnlichen Situation gemacht habe. Ich werde wohl Psalm 23 laut gebetet haben, und wir haben auch das „Unser Vater" zu dritt gesprochen. Dann habe ich meine Hand auf die Stirn von Oma

Berta gelegt und sie für einen seligen Tod und den Eingang in die ewige Welt gesegnet.

Bevor ich das Haus verlassen habe, werde ich der Tochter noch die Hand gegeben haben, um ihr viel Kraft für die Begleitung der Mutter zu wünschen. Wie schwer haben es doch die Angehörigen, wenn sie so eine Begleitung durch Pflege und Sterben leisten müssen. Mein Einsatz als Pfarrer bei solch einem Besuch ist dagegen – wenn auch wichtig – nur sehr klein und begrenzt.

Das war eigentlich schon alles. Ich hatte den Besuch gemacht. Ich hatte zwar nicht zum 100. Geburtstag gratuliert, aber als Sterbebegleitung gesegnet. Schweren Herzens doch auch erleichtert fuhr ich nun zum vereinbarten Familienbesuch in den anderen Ort.

Wie der Besuch bei der jungen Familie genau war und was wir gemacht haben, das weiß ich heute nicht mehr. Abends bin ich dann wieder nach Hause gefahren. Doch als ich zu meiner Frau kam, berichtete sie mir von einem Telefongespräch am frühen Nachmittag. Die Familie von Oma Berta hatte angerufen. Gleich nach meinem Besuch sei Oma Berta friedlich eingeschlafen. Sie seien so dankbar, dass ich noch gekommen sei.

Da fiel mir wieder mein innerer Drang ein, den Besuch sofort schon bei der Hinfahrt zu machen. Sonderbar. Ich bin überzeugt, dass Engelkräfte mich gelenkt und gedrängt haben. Ob Oma Berta wegen meines Segnens hat friedlicher sterben können? Ich weiß es nicht. Eine Reaktion ihrerseits auf mein Gebet und Segnen habe ich beim Besuch nicht mitbekommen. Doch für die Angehörigen war es tröstend, dass Oma Berta in der Sterbephase gesegnet wurde.

Darum bete ich: Gott, leite du mich auf gutem Weg. Leite mich auch durch Ungewöhnliches, so dass ich für dich und deine geliebten Menschen tätig sein kann.

Gewarnt

Edith Hilterhaus

Es gehörte viele Jahre zu meinen Aufgaben, Freizeiten für Kinder, Jugendliche, Familien und Erwachsene durchzuführen. Einen großen Raum nahmen die jährlichen Ferienwochen für Kinder ein. Da wurde überlegt, vorbereitet und gepackt, um gut gerüstet zu sein für ein buntes Programm bei jedem Wetter.

In einem Jahr hatten wir ein Ferienhaus in Schleswig-Holstein gefunden, recht einsam gelegen, aber mit guter Bademöglichkeit an einem kleinen Flüsschen, seit Generationen Schwimmplatz der einheimischen Bevölkerung. In diesem besagten Jahr hatte die Landesregierung einen Erlass herausgebracht, dass bei Aktivitäten an offenen Gewässern ein Freizeitmitarbeiter einen DLRG-Rettungsschein haben muss. Nun war das Flüsschen weiß Gott nicht sehr gefährlich und auch nicht übermäßig tief, aber Gesetz ist Gesetz. Wenn etwas passiert, steht man mit einem Bein im Gefängnis. Von uns Freizeit-Leitern hatte leider niemand diesen geforderten Schein. Aber im Hochsommer auf Wasser zu verzichten in einer ohnehin schon einsamen Gegend, das wollten wir nicht. So wurde herumgefragt: Wer hat den DLRG-Rettungsschwimmer und passt ins Team einer kirchlichen Kinderfreizeit?

Eine frühere Mitarbeiterin, die das Studium nach Düsseldorf verschlagen hatte, hörte von unserer Suche. Sie erzählte von einem Mann in ihrem Hauskreis, der schwimm- und kinderbegeistert sei und vielleicht an dieser Aufgabe Interesse hätte. Dieser junge Mann rief mich einige Tage später an. Er verfügte über einen DLRG-Schein und fragte sehr begeistert nach den Aufgaben und Gegebenheiten bei dieser Freizeit. Wir redeten noch eine Weile miteinander und beschlossen dann, noch einmal miteinander zu telefonieren. Doch mir war nach dem Telefonat eine seltsame Beklemmung zurückgeblieben, die ich nicht erklären konnte. In der Nacht träumte ich: Die Kinderfreizeit hatte begonnen. Ich schlief nachts in meinem Leiterzimmer und wachte auf. An meinem Bett saß unaufgefordert der neue, noch unbekannte Mitarbeiter, und ich hatte wieder dieses sehr beklemmende, bedrohliche Gefühl. Ich unterhielt mich im Traum noch eine Weile mit ihm, aber das Bedrängende, Ungute wollte nicht weichen. Danach erwachte ich.

Träume spielen in meinem Leben keine große Rolle. Meistens habe ich sie kurz nach dem Erwachen schon vergessen. Es gibt nur wenige Träume, die in meiner Erinnerung geblieben sind. Nach diesem Traum wusste ich, dass ich mit dem Gemeindeleiter dieses Hauskreises sprechen musste. Nachdem ich die Telefonnummer erfragt hatte, berichtete ich ihm von dem Wunsch zur Mitarbeit des Hauskreisteilnehmers und von der Unruhe, die mich deswegen erfasst hatte. Ich wollte wissen, ob er ihn für diese Aufgabe empfehlen könnte. Seine Antwort: „Da haben Sie aber ein feines Empfinden. Ich werde ihm sagen, dass er das auf keinen Fall machen kann und soll. Das ist viel zu früh. Gut, dass Sie angerufen haben". Wir haben nicht über das Warum gesprochen, weil das wohl Teil der seelsorgerlichen Begleitung war. Gott wusste es, das genügte.

Ich bin in den vielen Jahren meines Christseins noch nie so eindeutig gewarnt worden wie in diesem Fall. Es wäre wahrscheinlich eine Situation entstanden, die Unheil für die Kinder oder für uns alle bedeutet hätte. Manchmal ist Gottes Reden glasklar, da sind wir in unserem Handeln von seinem Geist getrieben.

Wir haben übrigens noch einen jungen Mann gefunden, der den Rettungsschein hatte und ein wertvoller Mitarbeiter für uns war. Beim Baden im Fluss ist Gott sei Dank niemandem etwas passiert, und es musste auch niemand gerettet werden.

Gottes Engelwacht

Johanna Lantzsch

Malerisch lag die Winterkoppel zwischen den verschneiten Feldern. Die Mittagssonne kitzelte das dichte Fell der Islandpferde. So geriet die kleine Herde in Spiellaune. Der junge Windfarbene fegte im Vierschlaggalopp zwischen den Bäumen dahin, rammte im Übermut den Falben. Alle kamen in Bewegung. Ein Kreisel aus Farbspiel und Hufewirbel. Dann rutschte nahe am Zaun einer aus. Der Draht platzte.

Die Nachbarin lief uns entgegen. An ihrem Garten war die muntere Truppe vorbeigezogen. Nur einer stand mit missmutigem Wiehern noch hinter dem Zaundraht, der seine Stromimpulse kraftvoll in den Schnee entlud. Es war der Falbe. Ich brachte ihn zum Hof, mit Dankgebet, dass dieser Wildfang nicht auch bei den Ausreißern war.

Von der Herde sahen wir nur noch Spuren. Die Schneedecke war in diesem Februar so mächtig, dass keine Grasspitzen vom Laufen abhielten. Im Trab war die Herde am Bach entlang gezogen, hatte die Straße gequert. Der Schreck fuhr mir in die Knie wie Nadeln.

Wir fuhren zum nächsten Ort. In mir wallte Sprachengebet. Und allmählich wuchs die Gewissheit, dass Gott die Situation unter Kontrolle hatte. Als der Geländewagen auf dem Feldweg in Gefahr geriet stecken zu bleiben, stiegen wir aus. Tatsächlich entdeckten wir Hufspuren, frische. Sie wiesen aber zur dicht befahrenen Bundesstraße. Wieder flehte ich Jesus um Beistand und Schutz an. Per Handy informierten wir die Polizei.

Inzwischen fuhr Manuel, mein Schwiegersohn, auf die B7 auf. Er konnte eines der Wunder Gottes mit eigenen Augen

sehen: Unsere sechs Islandpferde kamen eine Kirschallee hinaufgetobt. Es herrschte Heimfahrkolonnenverkehr nach einer harten Arbeitswoche. Die ersten Pendler kehrten wohl auch schon ins heimatliche Ostthüringen zurück. Keiner von ihnen rechnete hier auf gerader Strecke mit einer herannahenden Gefahr. Quer auch über den einmündenden Privatweg war hier ein Schneezaun gespannt, um die Bundesstraße vor Verwehungen zu schützen. Die Herde bremste, bog nach links ab, von unsichtbarer Hand gelenkt, und galoppierte talwärts, parallel zur Straße.

Noch hasteten Ines und ich die Anhöhe hinauf. Der verharschte Schnee gab oft nach, bröselte in meine Halbschuhe. Die Lunge brannte und ich betete ununterbrochen. Gottes Zusage der letzten Tage kam mir in den Sinn wie ein Geländer, an dem ich mich weiterhangeln konnte: „Sei fern von Bedrängnis, denn du brauchst dich nicht zu fürchten, und von Schrecken, denn er wird sich dir nicht nähern." (Jesaja 54,14) Tatsächlich erlebte ich, dass Gott zu seinem Wort steht. Sein allen Verstand übersteigender Frieden breitete sich in mir aus. Ich fühlte mich auch daran erinnert, dass ich am Morgen im Gebet die Waffenrüstung Gottes angelegt hatte, wie im Epheserbrief angemahnt, und um Schutz und Schirm für Familie, Haus, Hof und Ort gebeten hatte.

Manuels Anruf kam, als Ines fast den höchsten Punkt des Hügels erreicht hatte. Sie war mir weit voraus. Schon eilte sie nach links mit fliegenden Schritten. „Ihr braucht nicht mehr hoch zu kommen; sie sind schon im nächsten Ort!", hatte Manuel sie wissen lassen.

Unendlich weit entfernt gewahrte ich Pferdeminiaturen. Mit trockener Kehle lobte ich Gott für seine Zusagen, sein Handeln und seine Engelwacht. Die Worte aus Jesaja begannen mich zu tragen: „Er gibt dem Müden Kraft, und Stärke genug dem Unvermögenden. Die auf den Herrn harren, kriegen neue Kraft, dass sie auffahren mit Flügeln wie Adler, dass sie laufen und nicht matt werden, dass sie wandeln und nicht müde werden." (Jesaja 40,29+31) Ja, Gottes Wort ist wahr und eine Waffe gegen Angst, Schwachheit, Entmutigung.

Noch immer versuchte ich, möglichst schnell im knietiefen Schnee voran zu kommen. Mein Herzschlag kämpfte gegen den trockenen Hals an. Im Weiterstolpern griff ich mir eine Handvoll Schnee. Dankbar sog ich das perlende Weiß durch meine Lippen.

Ich glaubte und sah, unbeeinflussbar weit weg von mir, dass Gott das Geschehen unter Kontrolle hatte. Weit voraus vollzog sich wiederum Wunderbares. Die Pferde folgten nun gemächlicher einem gerade da beginnenden, in das Dörfchen führenden Weg, nutzten sogar eine Brücke. Hinter ihr entdeckte ich, mehr ahnend als sehend, Manuels Auto. Er bewegte sich nahe der Herde. Was tat er? Wie war er genau dort hingekommen?

Noch ein paar hundert Meter hatte ich zu laufen.

Als ich anlangte, hatte Ines schon das erste Halfter angelegt. Mein Brauner war es zufrieden, dass der Ausflug sein Ende gefunden hatte. Sicher hatte er seine jungen Freunde durch das nur ihm von Ausritten bekannte Gelände geführt. Freudiges Zusammenkommen! Ein lauter Jubel mit Dankgebet aus meiner Kehle! Ein Nicken meiner Tochter. Und Staunen allemal: Es war keines der Pferde verletzt. Sie hatten nur zahllose vorjährige Kletten aus allen durchpreschten Gräben anhaften.

Wir gaben der Polizei Entwarnung. Allmählich kamen wir zur Ruhe und uns wurde Gottes Handeln immer bewusster: Er hatte wunderbar die Herde und uns geleitet. Er hatte die Pferde vom Überqueren der Bundesstraße abgehalten. Er hatte Manuel befähigt, zur Stelle zu sein. Sein Heiliger Geist hatte meine Gebete beflügelt.

Ja, nur so ist zu erklären, dass sich an eben der Stelle, wo die Herde vertrauensvoll über die Brücke auf Manuel zukam, ein Weidezaundraht öffnen ließ und es ihm gelang, den Braunen am Bart zu nehmen und mit seinem Gefolge in ein umzäuntes Koppelstück zu lotsen. Ein armer Narr, wer da an Zufälle glaubt.

Wie ich zu Jesus Christus gefunden habe

Marina A.

Manchmal an Weihnachten sind wir in die Kirche gegangen. Ich fand das schön, aber auch fremd. Erst als ich konfirmiert wurde, hörte ich mehr über Jesus Christus. Ich hatte einerseits großes Interesse daran, andererseits hörte ich Mama sagen: „Aus der Kirche kommt man nie mit einem Stück Brot raus." Von meiner Oma Anna, die sehr gläubig war, ließ ich mir gerne erzählen wie die Hugenotten früher mit Jesus so lebten, als sie noch in Deutsch Gabel im Sudetenland (heute Tschechien) wohnten. Aber zum Glauben kam ich dabei nicht.

Ich heiratete den falschen Mann und bekam einen Sohn, Eric. Erneut wurde ich schwanger, aber ich sah, dass die Ehe nicht mehr funktionierte. Ich sagte meinem Mann, dass ich mich von ihm trennen wollte. Er war wütend, weinte und beschimpfte mich, dass ich keine gute Mutter sei und er Eric mitnehmen würde nach Ghana in seine Heimat.

Er hat mich oft in der Wohnung im ersten Stock eingeschlossen. Doch an diesem Tag nicht. Von einer Bremer Bekannten, die ich in einer Mutter-Kind-Kur kennengelernt hatte, hatte ich die Adresse vom dortigen Frauenhaus bekommen. Früher hatte ich schon Kontakte nach Bremen gehabt. Dorthin würde ich flüchten! Meine Mutter und ich lebten zwanzig Minuten voneinander entfernt bei Wilhelmshaven. Etwa eine Woche vorher war ich bei ihr gewesen und hatte ihr gesagt: „Mama, das mit Joe klappt nicht, er behandelt mich miserabel. Ich trenne mich von ihm. Wirst du mir dabei helfen?" An ihrer Reaktion merkte ich, dass sie nicht wollte und nicht konnte. Joe konnte sehr wütend werden. Er schlug zwar nicht zu, drohte aber damit. Ich hatte wirklich Angst vor ihm. Mama auch.

Ich hatte noch einen guten Kontakt zu meiner Lehrerin Frau B. Ich rief sie an und fragte sie, ob sie mir 50 DM leihen würde. Sie sagte, sie käme gleich vorbei, und ich habe ihr alles erzählt.

Ich rief im Bremer Frauenhaus an, um meine Situation zu schildern und zu sagen, dass ich früh morgens mit Eric mit dem Zug käme. Ich hatte eine unruhige Nacht, immer die Angst im Nacken. Am nächsten Morgen setzte ich mich total verzweifelt auf den Fußboden im Flur und betete: „Gott, wenn es dich wirklich gibt, dann hilf mir und Eric jetzt, dass Joe uns nicht erwischt." Viele Jahre hatte ich nicht mehr gebetet.

Wir ließen uns mit dem Taxi zum Bahnhof fahren. Zitternd wartete ich auf den Zug. Eric spürte meine Angst. Auch schon in der Ehe. Bei Streit kroch er unter den Sessel und steckte sich die Finger in die Ohren. In Bremen angekommen, konnte ich zunächst das Frauenhaus nicht finden. Ich war im achten Monat schwanger und vollkommen fertig. Eine Polizeistreife brachte uns schließlich ans Ziel. Dort schliefen wir mit sechs Leuten in einem Zimmer. Aber ich dachte mir: Wir haben eine Bleibe, ein Dach über dem Kopf.

Ramona wurde geboren und ich bekam eine Lungenentzündung. Nach sechs Monaten im Frauenhaus, erhielten wir eine eigene Wohnung. Doch nun brach die Lungenentzündung voll durch. Zu Hause hatte ich kein Telefon, und so schleppte ich mich zur Telefonzelle, um meine Mutter anzurufen. Diesmal kam sie tatsächlich! Dafür danke ich ihr heute noch! Nachts bekam ich heftige Fieberschübe. In meinen Fieberträumen sah ich mich mit zwei Engeln durch einen Tunnel fliegen, der an den Seiten lauter bunte Glasscherben hatte. Die dunklen, so schien es mir, für mein trauriges Leben, die helleren für Glück und Freude. Am Ende des Tunnels flog ich mit den Engeln in ein gleißendes Licht. In der Mitte des Tunnels war ein großes, braunes Kreuz. Vor dem Kreuz waren unzählige Menschen:

Manche kannte ich von früher, sie waren schon gestorben, manche waren mir unbekannt. Ein Engel zeigte mir die Menschen und sagte: „Alle diese Menschen beten für dein Wohlergehen. Gott will noch nicht, dass du stirbst." Die Tunneltür wurde geöffnet und die zwei Engel zogen sich diskret zurück. Denn dort auf dem Rasen stand Jesus Christus persönlich und führte mich zu einem braunen Zaun auf einem Blumenfeld. Jesus sprach die ganze Zeit mit mir und hob mich über den Zaun. Vor uns plätscherte ein kleiner klarer Fluss. Wir überquerten ihn über eine kleine weiße Brücke. Auf der anderen Seite sah ich das Reich Gottes, einen riesigen Tempel ganz in weiß und übersät mit Edelsteinen in den verschiedensten Farben und Formen. Das war alles wunderschön und friedlich und tröstlich nach all dem Schrecklichen.

Jesus brachte mich zum Himmlischen Vater. Der sprach mit mir in sanfter, lieber Stimme: „Mein Kind, du bist hier, weil du sehen sollst, dass es mich wirklich gibt. Du hast viel Schlimmes in deinem Leben erfahren. Ich möchte, dass du dich entscheidest, ob du zu mir oder in die Hölle kommen möchtest?"

„Oh, bitte, ich möchte zu dir kommen. Alles ist hier so schön und rein und ruhig. Ich bleibe gerne gleich hier", sagte ich. Doch Gott erwiderte: „Nein, mein Kind, ich schicke dich zurück auf die Erde. Du musst dich um deine Kinder kümmern. Du hast dich für mich entschieden im Himmel, entscheide dich auch auf der Erde für mich. Es gibt bald eine Gelegenheit dazu."

Gott schickte mich zurück und heilte meine Lungenentzündung. Bei einer Zeltevangelisation übergab ich mein Leben Jesus Christus. Auch als ich gesund war, holte Gott mich noch oft zu sich in den Himmel und zeigte mir dort vieles. Ich habe nie etwas Schöneres gesehen! Gelobt sei Gott!

Gefunden

Silke Meier

Der Anruf kam überraschend. Die Sonne ging an diesem Abend im Juli schon unter und färbte den Himmel dunkelrot. Es wäre ein Abend zum Träumen gewesen. Das Zirpen der Grillen war zu hören. Süßer, schwerer Duft senkte sich nieder. Üppig blühten die Sträucher. Die Sinne schwammen im Meer des Überflusses. Greifbar nahe waren das selbstlose Blühen und Werden und Leben in der Natur. Ich stand am Fenster und hielt es einen Spalt breit offen, als das Telefon schellte. Für einen Anruf war es ungewöhnlich spät.

„Meier." Ich meldete mich nach dem dritten oder vierten Mal läuten und hörte dann diese paar Sekunden Stille. Jene unendlich lang gefühlte Stille, die gefrierend kalt die Ahnung weckt, dieser Anruf bedeute nichts Gutes. Es sind diese Sekunden, in denen die Nachricht unausweichlich nahe rückt und man noch einmal tief einatmen möchte in dem Leben, wie man es bisher kannte. Danach, das wird in diesem Zeitstau im tiefsten Innern deutlich, wird lange nichts mehr so sein wie es war.

„Er ist gestorben. Gestern schon", sagte die Stimme am anderen Ende der Leitung. Gefasst hörte sie sich an. Von ganz tief unten. Sie weiß viel mehr als ich. Sie hatte mehr gesehen, mehr gelitten und mehr gefühlt, während ich weiterhin mit Nichtigkeiten beschäftigt gewesen war. Ich hatte mein Auto betankt, Lebensmittel eingekauft, Werbejingles gehört und mich über Straßenverkehrsteilnehmer und die Benzinpreise geärgert. Über den Sommer hingegen hatte ich mich gefreut. Den, der viel zu bald für immer verwelken kann.

„Oh", sagte ich. Dann hörte ich wieder diese Stille. Mein

Blick ging hinaus aus dem Fenster. Die Dämmerung nahm inzwischen das Licht und die Farben. Zweifel krochen langsam in mir hoch. Wo waren die Farben geblieben? Wohin ging der leise Flügelschlag der Schmetterlinge? Der Geschmack der Beeren? Die Weite des Himmels? Es war Nacht geworden. Eng im Herzen. Kalt in den Adern. Blau, Grau und Dunkel. Stumm.

„Wir waren bei ihm", hörte ich. Die ganze Nacht. Seine letzte Nacht. Die Trauerfeier ist am Montag. Ich fürchtete mich. Ich wollte das Schwarz nicht sehen. Ich wollte nicht diesem Gefühl ausgeliefert sein, ohnmächtig ja sagen zu müssen. Zu dem Tod, der verschlang. Der nicht nachfragte. Der einfach kam und da war und fraß.

Am nächsten Morgen fuhr ich weg. Ein Großevent in Berlin stand an. 25.000 Leute, Christen, trafen sich im Olympiastadion. Ich saß etwas abseits auf einem der Presseplätze. Ein Laptop hatte ich auf den Knien. Niemand um mich herum wusste etwas von dem Anruf von gestern und der Trauerfeier am Montag. Keiner ahnte, wohin ich zu gehen hatte, wenn der Massenrausch aus Gebet und Gesang vorüber war. Heute hatte ich noch Zeit. Ich saß wie auf einer Insel. Trauern würde ich später. Danach erst, wenn alles vorbei war. Wenn alles aufgeräumt war sozusagen und alle anderen wieder weg waren. An Plätzen, an denen niemand nachfragte.

Der Gedanke an die Blumen, die ich noch bestellen musste, riss mich heraus aus dem Taumel im Olympiastadion. In Gedanken sah ich mich schon in der Gärtnerei stehen und den Strauß abholen. Weiße Blumen wollte ich haben, mit einer weißen Schleife zusammengebunden und in schwarzer Schrift bedruckt. „Letzter Gruß". Die vorletzten Blumen, die ich ihm gebracht hatte, waren gelbe Osterglocken zum Geburtstag. Da hatten das Urteil und die Diagnose schon festgestanden. Doch wer will das wissen, solange man noch leugnen kann. Wer würde nicht dem Tod ausweichen, solange nichts bewiesen ist. Viel leichter ist es doch, vor der Wahrheit zu flüchten, wenn sie anklopft. Husch, hinein ins Leben. Zugedröhnt mit Hektik. Laut lachen hilft.

„Ich weiß, dass mein Erlöser lebt." Nur dieser eine Satz mitten in dem Lärm im Stadion und ich war hellwach. Vorbei waren die schlechten Tagträume. Die Luft war heiß. Die Stimme sehr nahe. „Ich weiß, dass mein Erlöser lebt", sagte Lothar Kosse und formulierte Sätze darüber, wie sich Jesus als der Letzte über dem Staub erheben wird. Meine Augen wandten sich vom Laptop ab. Meine Finger gingen weg von der Tastatur, die Handflächen drehte ich himmelwärts. Ich schaute nach oben, hinein in den Himmel und den ziehenden Wolken nach. Der Text hatte mich berührt. Ich fühlte mich, als werde ich gefunden. Hier, im Stadion, weit weg von den Sorgen zu Hause. Nur ein Wort und meine Seele wird gesund. „Ich weiß, dass mein Erlöser lebt." Im Gebet wünschte ich mir, diese Sicherheit, die ich gespürt habe, möge bleiben. Bis Montag, bis zum letzten Gruß.

Als ich am Montag die weißen Blumen abhole, trage ich ein schwarzes Kleid. Hochgeschlossen, trotz der Hitze Mitte Juli. Ich fahre zum Friedhof. Viele sind gekommen. Ein Meer von Blumen verdeckt den Sarg. Ich bin müde und aufgeregt und möchte gleichzeitig ganz viel Nähe und alleine sein. Ich will nicht weinen. Ich schaue weg.

„Ich weiß, dass mein Erlöser lebt." Der Pastor, der den Trauergottesdienst hält, war ebenfalls in Berlin. Das sagt er während der Ansprache. Allein unter Tausenden suchte er dort, genau wie ich, nach einem passenden Wort für diese Trauer-

feier. Er erzählt vom Frieden, den er spürte, als er den Prediger die Worte sagen hörte: „Ich weiß, dass mein Erlöser lebt." Jetzt löst sich meine Anspannung. Mir wird warm über den Schultern und im Herzen. Niemals vorher hätte ich es für möglich gehalten, auf einer Trauerfeier diesen Frieden zu spüren. Meine Tränen sind jetzt Tränen der Erleichterung. Freudentränen. „Mein Gott, wie bist du treu und gut", flüstere ich in das Taschentuch in meinen gefalteten Händen. Von nun an glaube ich daran, dass dem Tod für immer alle Macht genommen ist. Wir leben. Für immer.

Als ich meine Augen nach dem Vaterunser öffne, flattert ein Schmetterling über die Sonnenblumen und die Blumenkränze im Krematorium. Mir scheint, als trage er die immer gleiche Botschaft von Blüte zu Blüte: „Ich weiß, dass mein Erlöser lebt." Dann höre ich zwei Sekunden lang die Stille vor dem Amen. Ich versenke mich hinein in diese Zeit. Im Herzen habe ich den dankbaren Glauben an bedingungslose Gnade.

Gebet hilft unheimlich

Susanne Overbeck

1988: Ich bin begeistertes Mitglied eines charismatischen Hauskreises. Dagmar und Helmut beten leidenschaftlich und vollmächtig. Sie salben mit Öl und sprechen Heilung zu. Jeden Montagabend drängen sich 15 Beter in das kleine Wohnzimmer. Wir sind eine fröhliche Runde, es wird viel gelacht und erzählt und Helmut muss wiederholt Konzentration und Disziplin anmahnen. Die Gebetsanliegen gehen uns nicht aus: Einer ist immer arbeitslos, einer braucht immer eine Wohnung, immer ist eine Frau schwanger. Die Beterei ist mir peinlich, auch hat Tobias große Vorbehalte gegen die „Sekte". An Heilung glaube ich eigentlich nicht, aber ich höre Helmut gern zu, wenn er eindrucksvoll und mit rollenden Augen von seiner Unfruchtbarkeit berichtet, der zum Trotz er dennoch drei Kinder zeugen konnte, nachdem die Ältesten der Gemeinde für ihn gebetet hatten. Das dritte Kind ist unterwegs, und nun braucht die größer werdende Familie dringend eine neue Wohnung. Schon oft haben wir dafür gebetet, aber Gott hat bisher nicht geantwortet. Dagmar ist stark im Glauben, aber inzwischen ist sie im siebten Monat und traut sich einen Umzug kaum noch zu. Die Zeit drängt. Wir bedrängen den Herrn mit unseren Liedern und Gebeten.

Am nächsten Tag stirbt der Nachbar.

Dagmar erhält einen Anruf von der Hausverwaltung, ob Helmut zu dessen Wohnung einen Durchbruch machen könnte. Als das Baby geboren wird, ist die Wohnung groß genug, auch ohne Umzug. Die Sache wird mir unheimlich.

Tobias und ich toben mit unseren Kindern. Wir sind albern und übermütig. Tobias springt aufs Sofa und will mich küssen.

Da durchfährt mich ein Schmerz, wie ich ihn noch nie gespürt habe. Ich kriege kaum Luft und kann mich nicht bewegen. Tobias ruft den Notarzt. Der kommt schnell, ist aber ratlos und spritzt ein Schmerzmittel. Der nächste Tag, ein Montag, vergeht qualvoll. Auch der Orthopäde ist ratlos und verweist mich an einen Chiropraktiker. Ich kenne aber gar keinen. Am Abend schleppe ich mich verzweifelt die vier Treppen hoch zum Hauskreis. Helmut legt mir die Hände auf und schreit zum Herrn. Es ist schrecklich für mich, widerlich, unangenehm, ich möchte weglaufen. Wie tief bin ich gesunken, dass ich mich von einer Sekte abhängig mache. Hör auf mit der lauten, peinlichen Beterei, Helmut, ich will das alles nicht, lass mich gehen.

Um 23 Uhr gehe ich nach Hause, geheilt. Der Schmerz ist nie wiedergekommen. In der Nähe Gottes scheint alles möglich: eine Wohnung, ein Job, noch ein Kind, man muss nur richtig beten können.

Wie das geht, haben wir von Helmut gelernt. Tobias geht jetzt auch in den Hauskreis. Und wir beten: für ein Haus, für einen Job, für ein Kind …

Leider klappt das bei uns nicht so. Tobias bekommt zwar einen Job, aber 300 km weit entfernt. Zwar bekommen wir ein Haus, aber es ist nur das Haus meiner Eltern. Und das Kind, die ersehnte Tochter nach zwei Söhnen, stirbt bei der Geburt.

Schwere Jahre liegen vor uns, Anfechtungen, Zweifel, Depressionen, Trauer. Der Hauskreis ist weit weg und der Kontakt bricht bald ab. Ich bete, aber Gott hört mich nicht. Ich rede gegen die Wand. Der Tod meiner Tochter hat den Weg zum Himmel für mich versperrt.

Ich bin unglücklich. Meine Eltern erziehen meine Kinder, aber nicht in meinem Sinne. Tobias ist unzufrieden mit seiner Arbeit, hat Probleme mit den Kollegen, muss Tätigkeiten

übernehmen, für die er nicht qualifiziert ist. Ich bekomme einen Job, aber es ist überhaupt nicht das, was ich mir vorgestellt habe. Meine Kollegen sind sämtlich Atheisten und vernünftige Menschen der heutigen Zeit. Sie glauben an den Urknall, an die Evolution und das blinde Schicksal, an den Zufall und an die Projektion unserer Sehnsüchte auf einen selbsterschaffenen Gott. Sie sind sich alle einig. Sie sind nett und kameradschaftlich. Muslimen begegnen sie mitleidig tolerant, Christen verständnislos. Dafür, dass man Moslem ist, kann man schließlich nichts, Christ aber muss man aus ihrer Sicht nicht sein.

Es hat lange gedauert, Jahre, bis ich wieder das Gefühl haben konnte, ein Leben zu führen, das zu mir passt. Es gibt dunkle Punkte, offene Wunden, Verletzungen, die nicht geheilt sind. Zu meinen Eltern habe ich keinen Kontakt mehr. Tobias und ich sind noch immer ein glückliches Ehepaar und haben inzwischen vier großartige Söhne. Herausforderungen begegne ich heute mit größerer Gelassenheit, weil ich Gott in einer Weise vertrauen kann, wie es mir früher nie möglich war.

Ich glaube es

Ich weiß es.

Und kein Blitz vom Himmel?
Oder wie Gott meinen Glauben herausfordert

Ute Winges

Ich wurde hineingeboren in eine Thüringer Familie, in der ein Leben mit Gottes Realität normal war. Grundsätzlich hatte ich eine sehr schöne Kindheit. Zuhause lebten wir Liebe und Wertschätzung im Alltag. In manchen Familien meiner Klassenkameraden ging es oft härter zu, da ja der christliche Grundgedanke nicht vorhanden war. Dass der Glauben an eine höhere Existenz manche abstößt und provoziert, wurde mir erst Stück für Stück bewusst. Kinder aus Familien mit staatskonformer politischer Einstellung waren auf jeden Fall auch in der Schule besser dran. Meine Geschenke des Himmels waren eine hohe Auffassungsgabe und ein umgängliches Wesen. So kam ich mit den anderen Kindern gut zurecht. Meine Eltern hatten mir das Gefühl gegeben, etwas Besonderes zu sein, und wenn Gottes Liebe strömt, hat Frieden eine Chance.

Mit der Schule allerdings wurde es zunehmend schwieriger. Die Mitgliedschaft in der Pionierorganisation und der „Freien deutschen Jugend" (FDJ) waren für jeden Schüler vorgesehen. Die DDR diktierte den Atheismus. Manche Kinder in meiner Klasse wussten, dass wir jeden Sonntag zur Kirche gingen. Da kam dann schon hin und wieder verletzender Spott, der mich verunsicherte und isolierte. Oft genug ging es mir auf den Wecker, jeden Sonntag die schöne, kostbare Zeit lange sitzend im Gottesdienst zu verbringen, anstatt meine Freizeit zu gestalten wie andere. Als Jugendliche legte ich keinen Wert darauf, anders zu sein. Ich suchte Freundschaft zu Gleichaltrigen und wollte voller Neugier das Leben genießen.

Der berufliche Weg hing in der DDR auch von der gesellschaftlichen Haltung ab. Dennoch konnte ich schließlich meinen Wunschberuf Zahntechniker ergreifen und wollte mit Beginn der neuen Ära „Ausbildungszeit" eine klare Entscheidung für Gott treffen. Während einer Musikwoche in unserer Gemeinde spürte ich Jesu Frage „Ute, hast du mich lieb?" so eindringlich, dass eine feurige Unruhe mir immer wieder das Blut herumwirbelte. Meinen Idealen war ich oft nicht gerecht geworden. Nun wusste ich, dass eine Entscheidung fällig war.

Natürlich stiftete es Unruhe in der Seminargruppe, wenn auf einmal jemand aus der FDJ austrat. Am meisten jedoch für mich. Ich war ein friedliebendes Mädchen. Nun hatte ich die offene Missbilligung der meisten Kommilitonen gegen mich und musste zu einem Kadergespräch zum Politagitator der medizinischen Fachschule. Mir war schlecht. Die Beine versagten ihren Dienst. Ich konnte kaum klar denken vor Angst. Die Hände zitterten und doch musste ich da durch. Meine Familie wusste zu Hause darum und betete. Und ich erst!

Das Gespräch war sehr anstrengend, da mein Lehrer mir in Rhetorik und Argumentation überlegen war. Mir wurden Grundsatzfragen gestellt, die keiner so ohne Weiteres beantworten hätte können. Wie zu erwarten, lenkte mein Lehrer das Gespräch dahin, wie viel mir denn meine Fachschulausbildung bedeuten würde …

Es war hart und ich möchte so etwas ungern noch einmal erleben. Doch ich hatte direkt im Gespräch eine unbeschreibliche Ruhe und Seelenstärke, über die ich mich hinterher wunderte. Als die Anspannung nachließ, sackte ich auch erstmal mental zusammen. Doch ich spürte diese Stärke, die Gott verleiht, wenn es um nichts weniger geht, als sich öffentlich zu diesem unsichtbaren, realen, lebendigen Gott zu bekennen. Jedenfalls blieb ich bei meinem Entschluss: FDJ adé. Endlich

hatte ich ein ungeteiltes Ja für Jesus und wollte mich taufen lassen. Und letztlich akzeptierten sowohl Schulleitung wie auch Klassenkollegen diese Entscheidung. Ich habe meine Ausbildung fertig machen dürfen. Ich danke Gott von Herzen, dass er seine Engel sendet, wenn seine Kinder ihn am dringendsten brauchen. Für viele weitere Entscheidungen, die später noch Kampf bedeuteten, war das doch für mich ein Schlüsselerlebnis. Es gibt Unruhe, zum Teil auch ganz starken Stress. Wenn einem das klare Bekenntnis für Jesus abverlangt wird, setzt das unter Druck, aber Jesus schenkt überraschende Wendungen.

Ich fand den Mann fürs Leben. Von unseren drei wundervollen Kinder haben sich zwei inzwischen taufen lassen. Doch in der Phase der Taufen spürten wir immer wieder starke Widerstände. Doch vorher gabs immer Stärkung, z. B. als wir in einem Irland-Urlaub als Rucksacktouristen in siebenköpfiger Gruppe unser Quartier verlassen hatten, um mit der Buslinie ca. 300 km weiter zu kommen. Unser Sohn Aaron war damals kurz vor seinem sechsten Geburtstag. Just an diesem Tag nahm ein uns bis dahin unbekannter irischer Feiertag jede Möglichkeit zum Weiterfahren mit öffentlichen Verkehrsmitteln. Zurück ging nicht. Vorwärts auch nicht! Regen, Regen, Regen … Und Aaron betete mit kindlichem Vertrauen um einen Bus. Wir waren am Ende eines Küstenzipfels, wo Busse maximal einmal am Tag fuhren, wenn überhaupt. Es war hoffnungslos, doch nicht für Gott, der auch und besonders kleine Jungen ernst nimmt und „Großen" zeigt, dass Verstand nicht immer alles ist.

Es kam ein Bus und was für einer! Auf wildes Winken hin hielt ein deutscher Aktivurlauberbus, der genau unser Ziel hatte. Wir waren schneller vor Ort als es sonst je möglich gewesen wäre und genossen sogar als größere Gruppe Ermäßigungen. Außerdem war es entspannend, deutsch zu sprechen.

„Siehste, Mutti, ich habs doch gewusst, dass Gott einen Bus schickt, wenn wir ihn brauchen und sonst nass und krank werden. Wir haben doch Urlaub."

Der Gott der Liebe bringt die Dinge seiner Kinder manchmal zwar echt abenteuerlich voran, aber er hat den Überblick und erwartet unser Vertrauen. Je verzwickter etwas ist, umso größer ist Gottes Nähe. Da das Beste erst noch im Himmel kommt, ist jeder Tag ein Glaubens- also Vertrauensabenteuer mit unserem „Himmelschef".

Von Gottes Liebe gewärmt

Rosa Heckmann

Es regnet. Im Haus ist es still. Jedes Tröpfchen, das auf der Fensterscheibe landet, ist zu hören. Nun koche ich mir eine Tasse Kräutertee, kuschel mich in den Sessel ganz nah an den Kaminofen und genieße die Ruhe. Ich höre das Knistern und sehe wie das Feuer im Ofen spielt. Aber vor gut einem Jahr sah es noch ganz anders aus. Ich denke nach und muss schmunzeln. Wie gut, kreativ, allmächtig und real ist doch mein Gott.

Es war im Frühling letzten Jahres. Ich stand morgens auf, begleitete meine Kinder zu Schule und Kindergarten. Und das erste, was ich danach machen wollte, war, den Ofen anheizen. Als ich zum Ofen kam und ihn öffnete, merkte ich schnell, dass da etwas nicht stimmte. Er war kaputt. Die Schamottsteine, mit denen er von innen ausgelegt war, waren nach langem Gebrauch zerbrochen und zusammengefallen wie ein Kartenhaus. An diesem Morgen konnte ich wohl nicht mehr mit dem Ofen heizen. Ich nahm die Steine heraus und ging zu meinem Nachbarn Günther, der gleichzeitig auch mein Vermieter ist. Ich erzählte ihm von meinem Problem und er sagte: „Du kannst den Ofen reparieren lassen. Dazu brauchst du aber jemanden, der sich damit auskennt. Du zahlst für die Arbeit und Ausgaben oder besorgst dir einen aus den Anzeigen in der Zeitung."

Einige Tage später konnte ich den alten Ofen an einen Hobbysammler loswerden. Geld bekam ich dafür keins, aber ich musste mich wenigstens nicht damit abschleppen.

Da stand ich nun ohne Geld und ohne Ofen. Ich gab dieses Anliegen an meinen Hauskreis und meine Freunde weiter: „Bitte betet für mich. Ich brauche einen Ofen!" Ohne ihn wird

es im Winter kalt. Das Haus ist schon älter und nicht sehr gut isoliert.

Wir beteten und beteten und beteten. Es war Frühling, es kam der Sommer und es wurde Herbst. Langsam wurde mir mulmig zumute. Als der Hauskreis wieder kam, beteten wir wieder. Und ich äußerte den Wunsch: "Wenn ich schon einen Ofen kriege, dann auch einen mit einem Fenster drin. Dann kann ich die Wärme genießen und das schöne Feuer sehen. Ich liebe es! Ich weiß auch, dass Jesus das sieht. Er kennt mich und das Verlangen in mir." Die Frauen lachten und wir beteten um einen Ofen bis zum Winter. Mit einem Fenster drin.

Manchmal war ich schon traurig darüber, dass der Herr sich so viel Zeit nahm. Ich schaute regelmäßig die Anzeigen durch, doch da war nichts. Eines Tages, als der Winter schon näher rückte, stand ich morgens in der Küche und machte meinen Abwasch. Ich betete dabei laut, was sich allerdings mehr nach einem Klagelied anhörte. Es hatte sich so viel angesammelt. So viele Sorgen und Rechnungen, dazu noch die Sorge mit dem Ofen. "Mein Herr", sagte ich, "ich weiß, dass du mich hörst und bevor ich dir etwas sagen möchte, weißt du es schon. Auch heute stehe ich vor dir wie ein offenes Buch, und du kennst jetzt schon meine Sorgen. Es gibt wieder so vieles zu bewältigen. Die Kinder brauchen Schuhe, Rechnungen und die Reparatur für das Auto müssen bezahlt werden. Ich weiß nicht, wo mir der Kopf steht. Und dazu auch noch das Problem mit dem Ofen. Ich habe keinen Mann, du bist mein Mann, mein Freund, mein Helfer. Jesus, bitte hilf mir! Bitte, Herr! Du hast gesagt: ‚Rufe mich an in der Not, so will ich dir helfen und du sollst mich preisen.' Hilf mir und ich werde dich preisen. Du hast gesagt: ‚Wer bittet und glaubt, dass ich helfen kann, der wird bekommen, was sein Herz sich wünscht.' Ach Herr, ich brauche keinen neuen Ofen, er kann ruhig alt sein. Heizen soll er und ein Fenster haben. Danke, dass du mich hörst und mir hilfst."

Am gleichen Vormittag bekam ich Post und damit auch einen Katalog. Ich öffnete den Katalog und auf den ersten Seiten sah ich verschiedene Öfen. Angefangen von 200 bis 800 Euro und mehr. „Oh", dachte ich, „ist das die Lösung? Aber welchen müsste ich denn nehmen? Welcher wäre gut? Ich kenne mich damit doch gar nicht aus. Und woher nehme ich das Geld?" Plötzlich sagte mir der Heilige Geist: „Geh zu Günther!" „Ja", sagte ich laut, „aber Günther weiß doch, dass ich keinen Ofen habe, hat mir aber keine Hilfe angeboten." Doch die Stimme wiederholte sich.

Ich erzählte meiner Schwester davon. „Ich verstehe nicht, wozu ich zu ihm gehen soll", sagte ich. „Er weiß doch um die Situation." „Na gut", meinte meine Schwester, „wahrscheinlich kann er dir aber Rat geben, worauf du beim Kauf eines anderen Ofens achten sollst." Damit war ich einverstanden, ließ mir aber noch ein bisschen Zeit damit. Doch jedes Mal, wenn ich meinen Vermieter sah, hörte ich auch gleichzeitig die Stimme mit ihrer Aufforderung. Als ich schließlich zu ihm ging, stand er in seiner Gärtnerei und pflanzte Blumen. Ich sagte ihm, dass ich seinen Rat bräuchte und dass er sich doch bestimmt besser in solchen Sachen auskenne als ich. „Wenn du einen guten Ofen brauchst, dann nichts unter 600-700 Euro. Alles darunter taugt nichts. Aber du hast doch deinen zur Reparatur abgegeben, oder?" „Nein", sagte ich, „ der wollte ihn nicht für mich instand setzen, sondern nur für sich." „Ach so", meinte Günther, „ dann hast du also gar keinen mehr?" „Nein", sagte ich, „und Geld habe ich eigentlich auch keins. So etwas teures kommt bei mir nicht in Frage." „Du brauchst doch gar keinen Ofen kaufen, ich habe noch einen in der Garage stehen." Als ich das hörte, wurde mir heiß und kalt. Ich wollte zugleich lachen und weinen. „Du hast einen Ofen für mich in deiner Garage stehen?" „Ja, das habe ich. Er gehörte meiner Mutter, als sie noch in dem Haus wohnte. Und die Mieterin vor dir wollte ihn nicht haben. Ich wollte ihn schon mal verkaufen, aber der Interessent kam dann doch nicht zum Abholen." „Welches Jahr war das, in dem du den Ofen verkaufen wolltest?" „Es war 2007 im Frühjahr." Als ich nachdachte, fiel mir ein, dass ich zu dieser Zeit eine Wohnung gesucht hatte oder ein altes Häuschen mit einem Kaminofen drin. Ich konnte mich kaum vor Tränen halten und wollte den Ofen sofort sehen. Günther führte mich zu seiner Garage und was sah ich da? Einen kleinen, schönen Ofen guter Qualität mit einem großen Fenster darin. War ich froh! Ich war so froh, dass ich den Boden unter meinen Füßen nicht spüren konnte. Seit Monaten betete ich und suchte in den Anzeigen und die Lösung stand 50 Meter von mir entfernt. Jetzt verstand ich alles. Wie dankbar war ich, dass ich auf die Stimme des Heiligen Geistes gehört habe. Zu Hause rief ich meine Schwester an, erzählte ihr alles und weinte dabei – einerseits aus Freude und andererseits aus Scham, dass ich an meinem Herrn gezweifelt hatte und alles selber in die Hand hatte nehmen wollen.

Eine ganz neue Lebensqualität

Rosemarie Österling

An einem etwas tristen Wochenende im Januar 1982 kam ich in einer Aalener Pfingstgemeinde zum Glauben. Ich erkannte, dass die Reinkarnationslehre und die Astrologie, an die ich bis dahin leidenschaftlich geglaubt hatte, nichts anderes als Sackgassen sind, absolut untauglich, die Lebensqualität auch nur um einen Milimeter zum Positiven hin zu verbessern. Am nächsten Tag räumte ich mit Hilfe des Pastors und eines weiteren Gemeindemitgliedes mein Bücherregal aus und gab ihm alles Astrologische, Okkulte und Zweifelhafte zur Aufbewahrung mit, um sie später im Kreis der Jugendgruppe zu verbrennen. Am Montag kaufte ich mir in einer nahe gelegenen Buchhandlung eine Bibel. Von da an nahm ich regelmäßig am Bibel-Anfängerseminar und an den sonntäglichen Gottesdiensten teil. Der Zwang, jeden Tag Alkohol zu konsumieren, war seit jenem Samstag, an dem ich mich Gott zuwandte, verschwunden. Mein Leben bekam sofort eine ganz neue Qualität.

Immer wieder erlebte ich, wie der Herr auf Gebet hin in mein Leben eingriff. Einmal trampte ich an einem milden Frühlingstag nach Norddeutschland, um dort lebende Verwandte, zu besuchen. Ich war noch recht jung im Glauben und mal wieder pleite. An einer Raststätte stieg ich zu einem anderen Fernfahrer um. Nach einiger Zeit, ich weiß nicht, wie lange wir schon unterwegs waren, bog der Fernfahrer mit seinem Lastzug auf einen Rastplatz und hielt. Es war einer dieser Rastplätze, die nur aus einer Mülltonne und Gebüsch und Bäumen bestehen.

Der Fahrer öffnete die Tür, um auszusteigen und sagte so etwas wie: „Wir vertreten uns ein bisschen die Beine." Etwas im Verhalten des Fernfahrers verursachte mir ein ungutes Gefühl. In meinem Herzen begann ich zu beten: „Jesus, hilf mir." Ich stieg dennoch aus, ging neben dem Mann her, in meinem Herzen intensiv nach Jesus rufend, und sah mich um. Weit und breit keine Menschenseele in der Nähe. Von der Autobahn her war das Rauschen des Verkehrs zu hören. Nachdem der Fahrer sich umgesehen hatte, rückte er mir näher.

Plötzlich hörte ich ein Knacken, wie wenn jemand auf trockene Zweige tritt. Ich sah mich um. Was ich dann sah, ließ mich staunen. Einige Meter entfernt sah ich eine fast zwei Meter große transparente weiß-gelbliche Säule, ähnlich einer Litfaßsäule, stehen. Zugleich glich diese Erscheinung aber auch einer menschlichen Gestalt.

Ich erkannte, dass es ein Engel war, den Gott mir zu meinem Schutz geschickt hatte. Der Fernfahrer, der ebenfalls das Knacken gehört zu haben schien, sah sich erneut um. Ich spürte, wie der Mann anfing, sich zu fürchten. Mit der gebrummelten Bemerkung „Wir fahren weiter." ging er zurück zum Lastzug, um einzusteigen. Erleichtert kletterte auch ich in das Führerhaus. An der nächsten Rasstätte stieg ich aus.

An jenem Tag habe ich in einer sehr bedenklichen Situation Gottes bewahrende Hilfe erlebt.

„Der Engel des Herrn lagert sich um die her, die ihn fürchten, und hilft ihnen heraus." (Psalm 34,8)

Befreit

Deborah Strauß

Ich hatte keine glückliche Kindheit. Mein Vater war jähzornig, Alkoholiker und litt unter schweren Depressionen. Meine Mutter teilte die Depressionen, war Epileptikerin, entwickelte Schizophrenie und weitere schwere gesundheitliche Probleme. Zuwendung bekamen meine beiden älteren Brüder und ich nur durch Prügel und Vergewaltigung zu spüren. Schon früh musste ich mitansehen, wie meine Mutter vergewaltigt und geschlagen wurde. Später bin ich selbst zum Opfer geworden. Oft kam mein Vater betrunken nach Hause und war wütend auf jeden, der sich ihm in den Weg stellte. Nicht selten kam es vor, dass ein Familienmitglied Geschirr oder, was sonst zur Hand war, an den Kopf geschleudert bekam. Seine Selbstmordversuche wühlten mich auf. Einmal ließ er sich sogar ein Messer bringen und versuchte, sich damit vor meinen Augen zu erstechen. Zum Glück traf er eine Rippe. Meine Mutter brach allmählich unter der Last der Situation zusammen und wurde zunehmend schizophren. Es war schrecklich, sie weinen zu sehen. Oft konnte nur ich sie beruhigen, was mich sehr belastete. Ich war schließlich noch ein Kind.

Mit 15 kam ich in ein Heim, in dem es mir aber nicht besser erging. Dort wiederholte sich die ganze Geschichte nur mit anderen Personen. Nach mehreren Klinikaufenthalten und verschiedenen weiteren Stationen, wie Pflegefamilie, Therapeutische Wohngemeinschaft usw., stempelte mich ein Psychiater als schwer erziehbar und selbstmordgefährdet ab. Das brachte mein inneres Gleichgewicht völlig aus der Bahn und ich versuchte, mich mit Alkohol zu betäuben. Als das nicht mehr half, rutschte ich in die Drogenszene ab und bald darauf fand ich mich auf dem Strich wieder. In den nächsten Jahre bestimmten Drogen, Sex und Alkohol mein Leben, bis ich es nicht mehr aushielt.

Schon oft hatte ich in dieser Zeit versucht, mir das Leben zu nehmen, aber dieses eine Mal wollte ich ganze Sache machen. Ich setzte mir eine letzte Dosis.

Bis heute ist es mir ein Rätsel, wie ich diese Nacht im Keller überlebt habe. Ich nahm alles nur noch wie in einem Traum wahr und fing an zu kämpfen. Ich kämpfte um mein Leben, ohne dass ich es eigentlich wollte. Irgendetwas in mir wusste, dass ich nicht aufgeben durfte. Irgendetwas hielt mich davon ab zu sterben. Aber ich war nicht alleine. Da war noch jemand, der mit mir und um mich kämpfte. Er stand mir zur Seite und wäre er nicht gewesen, hätte ich den Kampf sicher verloren.

Am nächsten Morgen fand man mich und brachte mich ins Krankenhaus. Damit begann eine mühsame Zeit für die Ärzte und vor allem für mich. Lange habe ich nach dieser Person gesucht, die mir geholfen hat, diesen Albtraum zu überwinden. Ja, die mich buchstäblich am Leben erhalten hat. Ich wusste, das war kein Traum. Ich wusste, diese Person gibt es wirklich.

Als ich aus der Klinik entlassen wurde, war nichts mehr so wie früher. Ich zog mich zurück, ließ niemanden mehr an mich heran und verfluchte Gott und die Welt. Bis ich eines Tages eine Familie kennenlernte, die so ganz anders war als andere. Sie sprachen von diesem einen Gott, den ich so verfluchte, auf eine so geheimnisvolle Art und Weise, dass ich neugierig wurde.

Nie hätte ich mir selbst zugestanden, dass es Neugierde war, die mich in die Jugendgruppe der Gemeinde gehen ließ. Ich wollte nur beweisen, dass Gott ein Gott der Rache und des ewigen Schmerzes ist. Für mich waren zu diesem Zeitpunkt Satan und Gott ein und die gleiche Person. Und doch verlief der Abend so ganz anders als gedacht. Ich begegnete der Jugendleiterin und wusste vom ersten Moment an, dass sie mir helfen konnte. Von ihr ging eine Kraft und gleichzeitig unendliche Liebe aus, wie ich es noch nie zuvor in meinem Leben gespürt hatte. Sie zog mich magisch an. Ein paar Wochen später bekam ich einen Rückfall und musste erneut in eine Klinik.

Ich weiß bis heute nicht, warum ich noch am Abend meiner Einlieferung in diese Kirche ging, aber ich werde diesen Schritt nie bereuen. Dort sprach ein Prediger über „Vergeben, Vergessen, Vertrauen". Diese Worte berührten mich sehr. In mir tobte ein innerer Kampf bis ich auf einmal eine Gestalt neben mir stehen sah. Diese streckte mir die Hand entgegen und ich spürte, dass ich vor einer Entscheidung fürs Leben stand. Meine Verzweiflung übermannte mich und ich legte meine Hand im völligen Vertrauen auf die der Gestalt. In diesem Moment zog sie mich sanft nach oben und ging mit mir zur Kanzel. Der Prediger übereichte mir, ohne ein Wort zu sagen das Mikrofron und ich erzählte vor der ganzen Gemeinde vom Leid meiner Kindheit, und dass ich jetzt anfangen könne zu vertrauen und spüre, dass ich eines Tages auch verzeihen werde können.

Es war ein sehr seltsames Gefühl, denn ich sprach zwar, aber wusste gar nicht, was ich da redete, sondern hörte mir selbst zu. Als bewege jemand anderes meine Lippen. Es war ein unbeschreibliches Gefühl. Aber was ich sagte, bewegte nicht nur mich, sondern brachte die ganze Menge zum Klatschen. Als ich nach Ende der Veranstaltung fluchtartig die Kirche verlassen wollte, hielt mich eine Frau an der Schulter zurück und drückte mir einen Kuli mit der Aufschrift „Der Herr segne deinen Tag" in die Hand. Mir war das alles sehr peinlich, da ich zu dem Zeitpunkt noch sehr schüchtern war. Deshalb bedankte ich mich nicht einmal bei der Frau, sondern rannte hinaus.

Doch von diesem Moment an war alles anders. Ich begann, mich mit der Bibel zu beschäftigen und zu beten, was ich seit meiner Kindheit nicht mehr getan hatte. Ich fing eine schon längst fällige Psychotherapie an und langsam öffnete ich mich anderen Menschen gegenüber. Ich lernte nicht nur zu vertrauen, sondern auch zu verzeihen. Freude und Glück kehrten in meinen Alltag ein.

Jesus gestaltete mich um und ich ließ es zu. Viel könnte ich über mich berichten, viel ließe sich über mein jetziges Leben sagen. Wer mich früher gekannt hat, würde mich jetzt nicht mehr wieder erkennen. Gott sei Dank, für meine Seele!

Mit heiler Haut davongekommen

Christine Förster

Was sich da zutrug, musste ich einfach schon oft in meinem Leben erzählen. Es war ein Eingreifen und ein Zurechtmachen, ein Wunder und ein Wachrütteln Gottes. Denn mein, ja unser Glaube war nur lau. Wir wohnte bei mir zu Hause mit 3 Kindern in 2 Zimmern. Primitiv: Baden in der Zinkwanne, Wäsche abkochen unten im Waschhaus.

Es war der 18. April 1977, ein Montag. Waschtag. Unser großer Sohn war im Kindergarten. Christina war gerade mal sechs Wochen alt. Andreas war bei meiner Arbeit immer dabei. Ich hängte mit ihm Wäsche auf. Draußen wurde es pampig. Er ging rein zur Oma. Sie hatte gerade noch einmal Wäsche in einem Topf abgekocht, die Windelwäsche von Christina. Und in diese heiße Wanne fiel er rückwärts rein. Er jammerte. Ich eilte zur Hilfe, zog ihm den Anorak und alles aus. Die Haut klebte am langärmeligen Unterhemd. Kein Telefon! Dann kam der Rettungswagen. Ich fuhr mit Stiefeln und Schürze und ohne Geld mit. Von Bischhofswerda ganz schnell nach Dresden, immer mit dem Rettungssignal des Saniwagens. Am Nachmittag verabschiedete ich mich von meinem Jungen, nur mit dem Bild der Augen im Kopf. Alle vier Glieder, Hände und Füße waren verbunden, die Haare abrasiert. Ein Folienzelt umgab das Bett. Ich sollte ihn nicht mehr so sehen, denn wir durften ihn nicht besuchen. Der Krankenwagenfahrer war damals aus unserem Dorf. Er wartete auf mich und Dr. Biesold aus Putzkau und fuhr uns dann heim.

Ich war am Ende. Ich sah nachts immer einen weißen Kindersarg. Gott sei Dank musste ich meine anderen Kinder noch versorgen, denn zehn Tage war Andreas in akuter Lebensgefahr. Ersatzhaut draufsprühen, wieder abziehen, täglich neu. Künstliche Ernährung. Morphiumspritzen. Ich hätte das Kind unter kaltes Wasser stecken sollen, habe es aber nicht – Vorwürfe!

Und Gott sei Dank machte Andreas noch in die Windel, deshalb schützte die Windelhose seinen Hintern und sein Geschlechtsteil. Wir fuhren zu unserem damaligen Pfarrer. Die Gemeinde betete mit für unser Kind. Ich traute mich kaum noch ins Dorf. Im Krankenhaus anzurufen war auch schwierig. Mein Mann tat das. Ich wollte nicht hören, dass mein Junge tot sei. Ich klammerte mich an Zeichen von Gott, an jegliche Hilfe. Ein Brief von meiner Freundin, einer Pfarrerstochter, brachte mich in helle Aufregung und Unverständnis. Sie schrieb: „Es ist schlimm, was geschehen ist. Ich bete mit für Andreas. Aber du musst auch akzeptieren, wenn Gott sich anders entscheidet und ihn zu sich holt." Das war hart!

Aber, diese Erkenntnis ist mir schon oft zum Segen geworden: Sich Gott hingeben und ihn entscheiden lassen. Ich selbst habe Gott damals ein Gelübde gegeben: „Wenn du mir, Gott, das Kind erhältst, will ich mehr für dich tun!" Ganz viel Haut wollten sie Andreas so nach und nach zur Genesung verpflanzen. Das sollte über ein Jahr gehen. Am Sonntag, den 9. Mai. also nur drei Wochen nach dem Unfall, kam mein Mann vom Telefonieren nach Hause: „Morgen können wir Andreas abholen." Abholen!? Ich war außer Fassung. Am meisten gespannt war ich auf die Hände. Dr. Schubert übergab uns das Kind. Ich fragte, warum er die Hände nicht verbunden hätte? Er sagte: „An Ihrem Kind ist ein Wunder geschehen!" Und darauf ich: „Wissen Sie, wie viele Menschen für unser Kind gebetet haben?!" Er klopfte mir auf die Schulter. Wir verstanden uns. Später fand ich einen Zeitungsartikel, in dem er sich als Christ bekannte.

Also, keine Haut verpflanzen! Nur lauter Dankbarkeit. Dr. Biesold sah im Sommer unseren Andreas im Hühnergarten. Er hielt an und fragte: „Ist das das Kind von damals?" Rasch zog ich ihm den Pullover aus und auch er staunte.

Ich habe mein Gelübde gehalten. Immer wieder gab es kleine Arbeiten im Pfarramt für mich, sei es büromäßig oder in der Kinderarbeit, alles ehrenamtlich. Gern habe ich dies getan.

In der Wendezeit habe ich dann in Moritzburg die Ausbildung zur Gemeindepädagogin erhalten, zwei Jahre später noch die zur Religionslehrerin.

Ja, Gott spannt leise feine Fäden, die du leicht ergreifen kannst. Sieh doch einen Anfang und fang zu beten, zu hoffen, zu vertrauen, zu danken und loben an.

Meine Kinder sind längst erwachsen, vor kurzem bin ich Großmutter geworden und noch ganz oft sollte ich Gottes Nähe durch viele Schicksalsschläge und schwere Nöte erfahren dürfen bis zum heutigen Tag.

Inhaltsverzeichnis

Vorwort 7

Roland Böhme
Eine verfängliche Unterrichtsstunde 9

Irene Badura-Günther
Nur eine Spur 14

Brunhilde Ludewig
Gott erhört Gebet! 21

Angelika Alberti
Beschenkt von höchster Stelle 23

Anne Walter
Der Weg aus der Angst 29

Alexandra Braun
Goldkind 33

Susanne Bruns
Ein Herz für die Mission 36

Dorothea T.
Mit Gott auf Wohnungssuche 42

Angelika Castellaw
Wie ich zum Glauben an Jesus Christus kam 48

Rolf Grebener
Spuren! 52

Maria-Rosa Feustel
Die mit Tränen säen 56

Christian Hählke
Rechtzeitig zum Sterbesegen 60

Edith Hilterhaus
Gewarnt! 64

Johanna Lantzsch
Gottes Engelwacht 67

Marina A.
Wie ich zu Jesus Christus gefunden habe 73

Silke Meier
Gefunden 77

Susanne Overbeck
Gebet hilft unheimlich 82

Ute Winges
Und kein Blitz vom Himmel? 86

Rosa Heckmann
Von Gottes Liebe gewärmt 91

Rosemarie Österling
Eine ganz neue Lebensqualität 97

Deborah Strauß
Befreit 99

Christine Förster
Mit heiler Haut davongekommen 105

Inhaltsverzeichnis 108

Unsere Empfehlungen

Gute Tage • *52 Impulse zum Leben*
Prägnante Bilder und eine liebevolle Gestaltung unterstreichen die 52 bewegenden Beiträge beliebter christlicher Autoren. Lassen Sie sich berühren, ermutigen und motivieren. Entdecken Sie neue, farbenfrohe Perspektiven auf das Wirken Gottes.
Bildband, gebunden, 128 S., 12 x 17 cm,
RKW 518 • ISBN 978-3-88087-518-0

Die Schatzkiste
52 Impuls-Geschichten für's Leben
Aha-Effekte mit Schmunzel-Garantie. Die Mischung aus Lebensweisheiten und augenzwinkernden Pointen ist das Erfolgsrezept dieser bezaubernden Geschichten-Sammlung. Sie vereint funkelnde Kostbarkeiten und wird für jeden, der sie aufschlägt zur wahren Schatzkiste.
Bildband, gebunden, 128 Seiten, 12 x 17 cm.
RKW 514 • ISBN 978-3-88087-514-2

Peter Strauch • Echt
52 Impulse für ein glaubwürdiges Christsein
Mit seinen offenen Augen nimmt Peter Strauch uns mit auf eine anregende Reise voller Gedankenanstöße. Ein Lese- und Impulsbuch zum Entdecken und Weiterdenken.
Bildband, gebunden, 128 Seiten, 12 x 17 cm.
RKW 774 • ISBN 978-3-88087-774-0